# は　し　が　き

　平成 29 年 3 月に告示された小学校学習指導要領が，令和 2 年度から全面実施されます。

　今回の学習指導要領では，各教科等の目標及び内容が，育成を目指す資質・能力の三つの柱（「知識及び技能」，「思考力，判断力，表現力等」，「学びに向かう力，人間性等」）に沿って再整理され，各教科等でどのような資質・能力の育成を目指すのかが明確化されました。これにより，教師が「子供たちにどのような力が身に付いたか」という学習の成果を的確に捉え，主体的・対話的で深い学びの視点からの授業改善を図る，いわゆる「指導と評価の一体化」が実現されやすくなることが期待されます。

　また，子供たちや学校，地域の実態を適切に把握した上で教育課程を編成し，学校全体で教育活動の質の向上を図る「カリキュラム・マネジメント」についても明文化されました。カリキュラム・マネジメントの一側面として，「教育課程の実施状況を評価してその改善を図っていくこと」がありますが，このためには，教育課程を編成・実施し，学習評価を行い，学習評価を基に教育課程の改善・充実を図るという P D C A サイクルを確立することが重要です。このことも，まさに「指導と評価の一体化」のための取組と言えます。

　このように，「指導と評価の一体化」の必要性は，今回の学習指導要領において，より一層明確なものとなりました。そこで，国立教育政策研究所教育課程研究センターでは，「幼稚園，小学校，中学校，高等学校及び特別支援学校の学習指導要領等の改善及び必要な方策等について（答申）」（平成 28 年 12 月 21 日中央教育審議会）をはじめ，「児童生徒の学習評価の在り方について（報告）」（平成 31 年 1 月 21 日中央教育審議会初等中等教育分科会教育課程部会）や「小学校，中学校，高等学校及び特別支援学校等における児童生徒の学習評価及び指導要録の改善等について」（平成 31 年 3 月 29 日付初等中等教育局長通知）を踏まえ，『「指導と評価の一体化』のための学習評価に関する参考資料」を作成しました。

　本資料では，学習評価の基本的な考え方や，各教科等における評価規準の作成及び評価の実施等について解説しているほか，各教科等別に単元や題材に基づく学習評価について事例を紹介しています。各学校においては，本資料や各教育委員会等が示す学習評価に関する資料などを参考としながら，学習評価を含むカリキュラム・マネジメントを円滑に進めていただくことで，「指導と評価の一体化」を実現し，子供たちに未来の創り手となるために必要な資質・能力が育まれることを期待します。

　最後に，本資料の作成に御協力くださった方々に心から感謝の意を表します。

　令和 2 年 3 月

国立教育政策研究所
教育課程研究センター長
笹　井　弘　之

# 目次

※本冊子については，改訂後の常用漢字表（平成22年11月30日内閣告示）に基づいて表記していま
　す。（学習指導要領及び初等中等教育局長通知等の引用部分を除く）

# 第1編

## 総説

# 第1編　総説

本編においては，以下の資料について，それぞれ略称を用いることとする。

> 答申：「幼稚園，小学校，中学校，高等学校及び特別支援学校の学習指導要領等の改善
> 及び必要な方策等について（答申）」　平成 28 年 12 月 21 日　中央教育審議会
> 報告：「児童生徒の学習評価の在り方について（報告）」　平成 31 年 1 月 21 日　中央教
> 育審議会　初等中等教育分科会　教育課程部会
> 改善等通知：「小学校，中学校，高等学校及び特別支援学校等における児童生徒の学習
> 評価及び指導要録の改善等について（通知）」　平成 31 年 3 月 29 日　初等中等
> 教育局長通知

## 第1章　平成 29 年改訂を踏まえた学習評価の改善

### 1　はじめに

　学習評価は，学校における教育活動に関し，児童生徒の学習状況を評価するものである。答申にもあるとおり，児童生徒の学習状況を的確に捉え，教師が指導の改善を図るとともに，児童生徒が自らの学びを振り返って次の学びに向かうことができるようにするためには，学習評価の在り方が極めて重要である。

　各教科等の評価については，学習状況を分析的に捉える「観点別学習状況の評価」と「評定」が学習指導要領に定める目標に準拠した評価として実施するものとされている[1]。観点別学習状況の評価とは，学校における児童生徒の学習状況を，複数の観点から，それぞれの観点ごとに分析する評価のことである。児童生徒が各教科等での学習において，どの観点で望ましい学習状況が認められ，どの観点に課題が認められるかを明らかにすることにより，具体的な学習や指導の改善に生かすことを可能とするものである。各学校において目標に準拠した観点別学習状況の評価を行うに当たっては，観点ごとに評価規準を定める必要がある。評価規準とは，観点別学習状況の評価を的確に行うため，学習指導要領に示す目標の実現の状況を判断するよりどころを表現したものである。本参考資料は，観点別学習状況の評価を実施する際に必要となる評価規準等，学習評価を行うに当たって参考となる情報をまとめたものである。

　以下，文部省指導資料から，評価規準について解説した部分を参考として引用する。

---

[1] 各教科の評価については，観点別学習状況の評価と，これらを総括的に捉える「評定」の両方について実施するものとされており，観点別学習状況の評価や評定には示しきれない児童生徒の一人一人のよい点や可能性，進歩の状況については，「個人内評価」として実施するものとされている。（P.6 〜11 に後述）

（参考）評価規準の設定（抄）

（文部省「小学校教育課程一般指導資料」（平成5年9月）より）

　新しい指導要録（平成3年改訂）では，観点別学習状況の評価が効果的に行われるようにするために，「各観点ごとに学年ごとの評価規準を設定するなどの工夫を行うこと」と示されています。

　これまでの指導要録においても，観点別学習状況の評価を適切に行うため，「観点の趣旨を学年別に具体化することなどについて工夫を加えることが望ましいこと」とされており，教育委員会や学校では目標の達成の度合いを判断するための基準や尺度などの設定について研究が行われてきました。

　しかし，それらは，ともすれば知識・理解の評価が中心になりがちであり，また「目標を十分達成（＋）」，「目標をおおむね達成（空欄）」及び「達成が不十分（－）」ごとに詳細にわたって設定され，結果としてそれを単に数量的に処理することに陥りがちであったとの指摘がありました。

　今回の改訂においては，学習指導要領が目指す学力観に立った教育の実践に役立つようにすることを改訂方針の一つとして掲げ，各教科の目標に照らしてその実現の状況を評価する観点別学習状況を各教科の学習の評価の基本に据えることとしました。したがって，評価の観点についても，学習指導要領に示す目標との関連を密にして設けられています。

　このように，学習指導要領が目指す学力観に立つ教育と指導要録における評価とは一体のものであるとの考え方に立って，各教科の目標の実現の状況を「関心・意欲・態度」，「思考・判断・表現」，「技能・表現（または技能）」及び「知識・理解」の観点ごとに適切に評価するため，「評価規準を設定する」ことを明確に示しているものです。

　「評価規準」という用語については，先に述べたように，新しい学力観に立って子供たちが自ら獲得し身に付けた資質や能力の質的な面，すなわち，学習指導要領の目標に基づく幅のある資質や能力の育成の実現状況の評価を目指すという意味から用いたものです。

## 2　平成29年改訂を踏まえた学習評価の意義

### （1）学習評価の充実

　平成29年改訂小・中学校学習指導要領総則においては，学習評価の充実について新たに項目が置かれた。具体的には，学習評価の目的等について以下のように示し，単元や題材など内容や時間のまとまりを見通しながら，児童生徒の主体的・対話的で深い学びの実現に向けた授業改善を行うと同時に，評価の場面や方法を工夫して，学習の過程や成果を評価することを示し，授業の改善と評価の改善を両輪として行っていくことの必要性を明示した。

> ・児童のよい点や進歩の状況などを積極的に評価し，学習したことの意義や価値を実感できるようにすること。また，各教科等の目標の実現に向けた学習状況を把握する観点から，単元や題材など内容や時間のまとまりを見通しながら評価の場面や方法を工夫して，学習の過程や成果を評価し，指導の改善や学習意欲の向上を図り，資質・能力の育成に生かすようにすること。
> ・創意工夫の中で学習評価の妥当性や信頼性が高められるよう，組織的かつ計画的な取組を推進するとともに，学年や学校段階を越えて児童の学習の成果が円滑に接続されるように工夫すること。

（小学校学習指導要領第1章総則　第3教育課程の実施と学習評価　2学習評価の充実）
（中学校学習指導要領にも同旨）

## （2）カリキュラム・マネジメントの一環としての指導と評価

　　各学校における教育活動の多くは，学習指導要領等に従い児童生徒や地域の実態を踏まえて編成された教育課程の下，指導計画に基づく授業（学習指導）として展開される。各学校では，児童生徒の学習状況を評価し，その結果を児童生徒の学習や教師による指導の改善や学校全体としての教育課程の改善等に生かしており，学校全体として組織的かつ計画的に教育活動の質の向上を図っている。このように，「学習指導」と「学習評価」は学校の教育活動の根幹に当たり，教育課程に基づいて組織的かつ計画的に教育活動の質の向上を図る「カリキュラム・マネジメント」の中核的な役割を担っている。

## （3）主体的・対話的で深い学びの視点からの授業改善と評価

　　指導と評価の一体化を図るためには，児童生徒一人一人の学習の成立を促すための評価という視点を一層重視し，教師が自らの指導のねらいに応じて授業での児童生徒の学びを振り返り，学習や指導の改善に生かしていくことが大切である。すなわち，平成29年改訂学習指導要領で重視している「主体的・対話的で深い学び」の視点からの授業改善を通して各教科等における資質・能力を確実に育成する上で，学習評価は重要な役割を担っている。

## （4）学習評価の改善の基本的な方向性

　　（1）～（3）で述べたとおり，学習指導要領改訂の趣旨を実現するためには，学習評価の在り方が極めて重要であり，すなわち，学習評価を真に意味のあるものとし，指導と評価の一体化を実現することがますます求められている。
　　このため，報告では，以下のように学習評価の改善の基本的な方向性が示された。
　　① 児童生徒の学習改善につながるものにしていくこと
　　② 教師の指導改善につながるものにしていくこと
　　③ これまで慣行として行われてきたことでも，必要性・妥当性が認められないものは見直していくこと

## 3　平成29年改訂を受けた評価の観点の整理

　平成29年改訂学習指導要領においては，知・徳・体にわたる「生きる力」を児童生徒に育むために「何のために学ぶのか」という各教科等を学ぶ意義を共有しながら，授業の創意工夫や教科書等の教材の改善を引き出していくことができるようにするため，全ての教科等の目標及び内容を「知識及び技能」，「思考力，判断力，表現力等」，「学びに向かう力，人間性等」の育成を目指す資質・能力の三つの柱で再整理した（図1参照）。知・徳・体のバランスのとれた「生きる力」を育むことを目指すに当たっては，各教科等の指導を通してどのような資質・能力の育成を目指すのかを明確にしながら教育活動の充実を図ること，その際には，児童生徒の発達の段階や特性を踏まえ，資質・能力の三つの柱の育成がバランスよく実現できるよう留意する必要がある。

**図1**

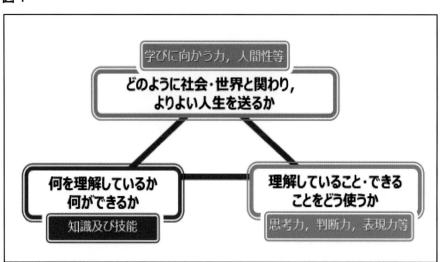

　観点別学習状況の評価については，こうした教育目標や内容の再整理を踏まえて，小・中・高等学校の各教科を通じて，4観点から3観点に整理された。（図2参照）

**図2**

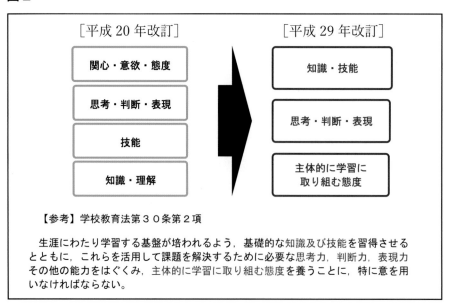

## 4　平成29年改訂学習指導要領における各教科の学習評価

　各教科の学習評価においては，平成29年改訂においても，学習状況を分析的に捉える「観点別学習状況の評価」と，これらを総括的に捉える「評定」の両方について，学習指導要領に定める目標に準拠した評価として実施するものとされた。改善等通知では，以下のように示されている。

---

【小学校児童指導要録】

　［各教科の学習の記録］

Ⅰ　観点別学習状況

　　学習指導要領に示す各教科の目標に照らして，その実現状況を観点ごとに評価し記入する。その際，

　　　　「十分満足できる」状況と判断されるもの：A

　　　　「おおむね満足できる」状況と判断されるもの：B

　　　　「努力を要する」状況と判断されるもの：C

　のように区別して評価を記入する。

Ⅱ　評定（第3学年以上）

　　各教科の評定は，学習指導要領に示す各教科の目標に照らして，その実現状況を，

　　　　「十分満足できる」状況と判断されるもの：3

　　　　「おおむね満足できる」状況と判断されるもの：2

　　　　「努力を要する」状況と判断されるもの：1

　のように区別して評価を記入する。

　　評定は各教科の学習の状況を総括的に評価するものであり，「観点別学習状況」において掲げられた観点は，分析的な評価を行うものとして，各教科の評定を行う場合において基本的な要素となるものであることに十分留意する。その際，評定の適切な決定方法等については，各学校において定める。

---

【中学校生徒指導要録】

（学習指導要領に示す必修教科の取扱いは次のとおり）

　［各教科の学習の記録］

Ⅰ　観点別学習状況（小学校児童指導要録と同じ）

　　学習指導要領に示す各教科の目標に照らして，その実現状況を観点ごとに評価し記入する。その際，

　　　　「十分満足できる」状況と判断されるもの：A

　　　　「おおむね満足できる」状況と判断されるもの：B

　　　　「努力を要する」状況と判断されるもの：C

　のように区別して評価を記入する。

Ⅱ　評定

　　各教科の評定は，学習指導要領に示す各教科の目標に照らして，その実現状況を，

---

「十分満足できるもののうち，特に程度が高い」状況と判断されるもの：5

「十分満足できる」状況と判断されるもの：4

「おおむね満足できる」状況と判断されるもの：3

「努力を要する」状況と判断されるもの：2

「一層努力を要する」状況と判断されるもの：1

のように区別して評価を記入する。

評定は各教科の学習の状況を総括的に評価するものであり，「観点別学習状況」において掲げられた観点は，分析的な評価を行うものとして，各教科の評定を行う場合において基本的な要素となるものであることに十分留意する。その際，評定の適切な決定方法等については，各学校において定める。

また，観点別学習状況の評価や評定には示しきれない児童生徒一人一人のよい点や可能性，進歩の状況については，「個人内評価」として実施するものとされている。改善等通知においては，「観点別学習状況の評価になじまず個人内評価の対象となるものについては，児童生徒が学習したことの意義や価値を実感できるよう，日々の教育活動等の中で児童生徒に伝えることが重要であること。特に『学びに向かう力，人間性等』のうち『感性や思いやり』など児童生徒一人一人のよい点や可能性，進歩の状況などを積極的に評価し児童生徒に伝えることが重要であること。」と示されている。

「3　平成29年改訂を受けた評価の観点の整理」も踏まえて各教科における評価の基本構造を図示化すると，以下のようになる。（図3参照）

**図3**

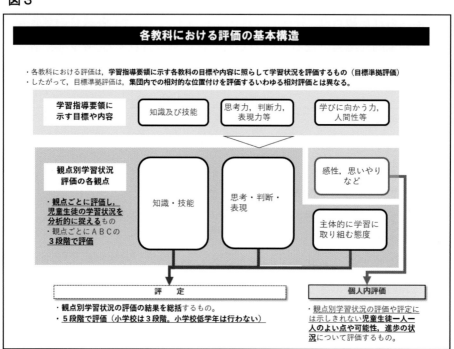

上記の，「各教科における評価の基本構造」を踏まえた3観点の評価それぞれについて

の考え方は，以下の（1）〜（3）のとおりとなる。なお，この考え方は，外国語活動（小学校），総合的な学習の時間，特別活動においても同様に考えることができる。

### （1）「知識・技能」の評価について

「知識・技能」の評価は，各教科等における学習の過程を通した知識及び技能の習得状況について評価を行うとともに，それらを既有の知識及び技能と関連付けたり活用したりする中で，他の学習や生活の場面でも活用できる程度に概念等を理解したり，技能を習得したりしているかについても評価するものである。

「知識・技能」におけるこのような考え方は，従前の「知識・理解」（各教科等において習得すべき知識や重要な概念等を理解しているかを評価），「技能」（各教科等において習得すべき技能を身に付けているかを評価）においても重視してきたものである。

具体的な評価の方法としては，ペーパーテストにおいて，事実的な知識の習得を問う問題と，知識の概念的な理解を問う問題とのバランスに配慮するなどの工夫改善を図るとともに，例えば，児童生徒が文章による説明をしたり，各教科等の内容の特質に応じて，観察・実験したり，式やグラフで表現したりするなど，実際に知識や技能を用いる場面を設けるなど，多様な方法を適切に取り入れていくことが考えられる。

### （2）「思考・判断・表現」の評価について

「思考・判断・表現」の評価は，各教科等の知識及び技能を活用して課題を解決する等のために必要な思考力，判断力，表現力等を身に付けているかを評価するものである。

「思考・判断・表現」におけるこのような考え方は，従前の「思考・判断・表現」の観点においても重視してきたものである。「思考・判断・表現」を評価するためには，教師は「主体的・対話的で深い学び」の視点からの授業改善を通じ，児童生徒が思考・判断・表現する場面を効果的に設計した上で，指導・評価することが求められる。

具体的な評価の方法としては，ペーパーテストのみならず，論述やレポートの作成，発表，グループでの話合い，作品の制作や表現等の多様な活動を取り入れたり，それらを集めたポートフォリオを活用したりするなど評価方法を工夫することが考えられる。

### （3）「主体的に学習に取り組む態度」の評価について

答申において「学びに向かう力，人間性等」には，①「主体的に学習に取り組む態度」として観点別学習状況の評価を通じて見取ることができる部分と，②観点別学習状況の評価や評定にはなじまず，こうした評価では示しきれないことから個人内評価を通じて見取る部分があることに留意する必要があるとされている。すなわち，②については観点別学習状況の評価の対象外とする必要がある。

「主体的に学習に取り組む態度」の評価に際しては，単に継続的な行動や積極的な発言を行うなど，性格や行動面の傾向を評価するということではなく，各教科等の「主体的に学習に取り組む態度」に係る観点の趣旨に照らして，知識及び技能を習得したり，

思考力，判断力，表現力等を身に付けたりするために，自らの学習状況を把握し，学習の進め方について試行錯誤するなど自らの学習を調整しながら，学ぼうとしているかどうかという意思的な側面を評価することが重要である。

従前の「関心・意欲・態度」の観点も，各教科等の学習内容に関心をもつことのみならず，よりよく学ぼうとする意欲をもって学習に取り組む態度を評価するという考え方に基づいたものであり，この点を「主体的に学習に取り組む態度」として改めて強調するものである。

本観点に基づく評価は，「主体的に学習に取り組む態度」に係る各教科等の評価の観点の趣旨に照らして，

① 知識及び技能を獲得したり，思考力，判断力，表現力等を身に付けたりすることに向けた粘り強い取組を行おうとしている側面

② ①の粘り強い取組を行う中で，自らの学習を調整しようとする側面

という二つの側面を評価することが求められる[2]。（図4参照）

ここでの評価は，児童生徒の学習の調整が「適切に行われているか」を必ずしも判断するものではなく，学習の調整が知識及び技能の習得などに結び付いていない場合には，教師が学習の進め方を適切に指導することが求められる。

具体的な評価の方法としては，ノートやレポート等における記述，授業中の発言，教師による行動観察や児童生徒による自己評価や相互評価等の状況を，教師が評価を行う際に考慮する材料の一つとして用いることなどが考えられる。

図4

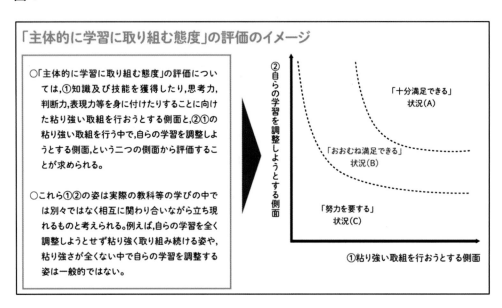

---

[2] これら①②の姿は実際の教科等の学びの中では別々ではなく相互に関わり合いながら立ち現れるものと考えられることから，実際の評価の場面においては，双方の側面を一体的に見取ることも想定される。例えば，自らの学習を全く調整しようとせず粘り強く取り組み続ける姿や，粘り強さが全くない中で自らの学習を調整する姿は一般的ではない。

　なお，学習指導要領の「2　内容」に記載のない「主体的に学習に取り組む態度」の評価については，後述する第2章1（2）を参照のこと[3]。


## 5　改善等通知における特別の教科　道徳，外国語活動（小学校），総合的な学習の時間，特別活動の指導要録の記録

　改善等通知においては，各教科の学習の記録とともに，以下の（1）〜（4）の各教科等の指導要録における学習の記録について以下のように示されている。


### （1）特別の教科　道徳について

　小学校等については，改善等通知別紙1に，「道徳の評価については，28文科初第604号「学習指導要領の一部改正に伴う小学校，中学校及び特別支援学校小学部・中学部における児童生徒の学習評価及び指導要録の改善等について（通知）」に基づき，学習活動における児童の学習状況や道徳性に係る成長の様子を個人内評価として文章で端的に記述する」こととされている（中学校等についても別紙2に同旨）。


### （2）外国語活動について（小学校）

　改善等通知には，「外国語活動の記録については，評価の観点を記入した上で，それらの観点に照らして，児童の学習状況に顕著な事項がある場合にその特徴を記入する等，児童にどのような力が身に付いたかを文章で端的に記述すること」とされている。また，「評価の観点については，設置者は，小学校学習指導要領等に示す外国語活動の目標を踏まえ，改善等通知別紙4を参考に設定する」こととされている。


### （3）総合的な学習の時間について

　小学校等については，改善等通知別紙1に，「総合的な学習の時間の記録については，この時間に行った学習活動及び各学校が自ら定めた評価の観点を記入した上で，それらの観点のうち，児童の学習状況に顕著な事項がある場合などにその特徴を記入する等，児童にどのような力が身に付いたかを文章で端的に記述すること」とされている。また，「評価の観点については，各学校において具体的に定めた目標，内容に基づいて別紙4を参考に定めること」とされている（中学校等についても別紙2に同旨）。

---

[3] 各教科等によって，評価の対象に特性があることに留意する必要がある。例えば，体育・保健体育科の運動に関する領域においては，公正や協力などを，育成する「態度」として学習指導要領に位置付けており，各教科等の目標や内容に対応した学習評価が行われることとされている。

## （4）特別活動について

　小学校等については，改善等通知別紙1に，「特別活動の記録については，各学校が自ら定めた特別活動全体に係る評価の観点を記入した上で，各活動・学校行事ごとに，評価の観点に照らして十分満足できる活動の状況にあると判断される場合に，〇印を記入する」とされている。また，「評価の観点については，学習指導要領等に示す特別活動の目標を踏まえ，各学校において改善等通知別紙4を参考に定める。その際，特別活動の特質や学校として重点化した内容を踏まえ，例えば『主体的に生活や人間関係をよりよくしようとする態度』などのように，より具体的に定めることも考えられる。記入に当たっては，特別活動の学習が学校や学級における集団活動や生活を対象に行われるという特質に留意する」とされている（中学校等についても別紙2に同旨）。

　なお，特別活動は学級担任以外の教師が指導する活動が多いことから，評価体制を確立し，共通理解を図って，児童生徒のよさや可能性を多面的・総合的に評価するとともに，確実に資質・能力が育成されるよう指導の改善に生かすことが求められる。

## 6　障害のある児童生徒の学習評価について

　学習評価に関する基本的な考え方は，障害のある児童生徒の学習評価についても変わるものではない。

　障害のある児童生徒については，特別支援学校等の助言又は援助を活用しつつ，個々の児童生徒の障害の状態や特性及び心身の発達の段階に応じた指導内容や指導方法の工夫を行い，その評価を適切に行うことが必要である。また，指導内容や指導方法の工夫については，学習指導要領の各教科の「指導計画の作成と内容の取扱い」の「指導計画作成上の配慮事項」の「障害のある児童生徒への配慮についての事項」についての学習指導要領解説も参考となる。

## 7　評価の方針等の児童生徒や保護者への共有について

　学習評価の妥当性や信頼性を高めるとともに，児童生徒自身に学習の見通しをもたせるために，学習評価の方針を事前に児童生徒と共有する場面を必要に応じて設けることが求められており，児童生徒に評価の結果をフィードバックする際にも，どのような方針によって評価したのかを改めて児童生徒に共有することも重要である。

　また，新学習指導要領下での学習評価の在り方や基本方針等について，様々な機会を捉えて保護者と共通理解を図ることが非常に重要である。

## 第2章 学習評価の基本的な流れ

### 1 各教科における評価規準の作成及び評価の実施等について

#### （1）目標と観点の趣旨との対応関係について

　　評価規準の作成に当たっては，各学校の実態に応じて目標に準拠した評価を行うために，「評価の観点及びその趣旨[4]」が各教科等の目標を踏まえて作成されていること，また同様に，「学年別（又は分野別）の評価の観点の趣旨[5]」が学年（又は分野）の目標を踏まえて作成されていることを確認することが必要である。

　　なお，「主体的に学習に取り組む態度」の観点は，教科等及び学年（又は分野）の目標の（3）に対応するものであるが，観点別学習状況の評価を通じて見取ることができる部分をその内容として整理し，示していることを確認することが必要である。（図5，6参照）

### 図5

**【学習指導要領「教科の目標」】**

学習指導要領　各教科等の「第1　目標」

| (1) | (2) | (3) |
|---|---|---|
| （知識及び技能に関する目標） | （思考力，判断力，表現力等に関する目標） | （学びに向かう力，人間性等に関する目標）[6] |

**【改善等通知「評価の観点及びその趣旨」】**

改善等通知　別紙4　評価の観点及びその趣旨

| 観点 | 知識・技能 | 思考・判断・表現 | 主体的に学習に取り組む態度 |
|---|---|---|---|
| 趣旨 | （知識・技能の観点の趣旨） | （思考・判断・表現の観点の趣旨） | （主体的に学習に取り組む態度の観点の趣旨） |

---

[4] 各教科等の学習指導要領の目標の規定を踏まえ，観点別学習状況の評価の対象とするものについて整理したものが教科等の観点の趣旨である。

[5] 各学年（又は分野）の学習指導要領の目標を踏まえ，観点別学習状況の評価の対象とするものについて整理したものが学年別（又は分野別）の観点の趣旨である。

[6] 学びに向かう力，人間性等に関する目標には，個人内評価として実施するものも含まれている。（P.8図3参照）※学年（又は分野）の目標についても同様である。

図6

**【学習指導要領「学年（又は分野）の目標」】**

学習指導要領　各教科等の「第2　各学年の目標及び内容」の学年ごとの「1　目標」

| (1) | (2) | (3) |
|---|---|---|
| （知識及び技能に関する目標） | （思考力，判断力，表現力等に関する目標） | （学びに向かう力，人間性等に関する目標） |

**【改善等通知　別紙4「学年別（又は分野別）の評価の観点の趣旨」】**

| 観点 | 知識・技能 | 思考・判断・表現 | 主体的に学習に取り組む態度 |
|---|---|---|---|
| 趣旨 | （知識・技能の観点の趣旨） | （思考・判断・表現の観点の趣旨） | （主体的に学習に取り組む態度の観点の趣旨） |

## （2）「内容のまとまりごとの評価規準」とは

　　本参考資料では，評価規準の作成等について示す。具体的には，学習指導要領の規定から「内容のまとまりごとの評価規準」を作成する際の手順を示している。ここでの「内容のまとまり」とは，学習指導要領に示す各教科等の「第2　各学年の目標及び内容　2　内容」の項目等をそのまとまりごとに細分化したり整理したりしたものである[7]。平成29年改訂学習指導要領においては資質・能力の三つの柱に基づく構造化が行われたところであり，基本的には，学習指導要領に示す各教科等の「第2　各学年（分野）の目標及び内容」の「2　内容」において[8]，「内容のまとまり」ごとに育成を目指す資質・

---

[7] 各教科等の学習指導要領の「第3　指導計画の作成と内容の取扱い」1(1)に「単元（題材）などの内容や時間のまとまり」という記載があるが，この「内容や時間のまとまり」と，本参考資料における「内容のまとまり」は同義ではないことに注意が必要である。前者は，主体的・対話的で深い学びを実現するため，主体的に学習に取り組めるよう学習の見通しを立てたり学習したことを振り返ったりして自身の学びや変容を自覚できる場面をどこに設定するか，対話によって自分の考えなどを広げたり深めたりする場面をどこに設定するか，学びの深まりをつくりだすために，児童生徒が考える場面と教師が教える場面をどのように組み立てるか，といった視点による授業改善は，1単位時間の授業ごとに考えるのではなく，単元や題材などの一定程度のまとまりごとに検討されるべきであることが示されたものである。後者（本参考資料における「内容のまとまり」）については，本文に述べるとおりである。

[8] 小学校家庭においては，「第2　各学年の内容」，「1　内容」，小学校外国語・外国語活動，中学校外国語においては，「第2　各言語の目標及び内容等」，「1　目標」である。

能力が示されている。このため,「2　内容」の記載はそのまま学習指導の目標となりうるものである[9]。学習指導要領の目標に照らして観点別学習状況の評価を行うに当たり,児童生徒が資質・能力を身に付けた状況を表すために,「2　内容」の記載事項の文末を「〜すること」から「〜している」と変換したもの等を,本参考資料において「内容のまとまりごとの評価規準」と呼ぶこととする[10]。

　　ただし,「主体的に学習に取り組む態度」に関しては,特に,児童生徒の学習への継続的な取組を通して現れる性質を有すること等から[11],「2　内容」に記載がない[12]。そのため,各学年（又は分野）の「1　目標」を参考にしつつ,必要に応じて,改善等通知別紙4に示された学年（又は分野）別の評価の観点の趣旨のうち「主体的に学習に取り組む態度」に関わる部分を用いて「内容のまとまりごとの評価規準」を作成する必要がある。

　　なお,各学校においては,「内容のまとまりごとの評価規準」の考え方を踏まえて,学習評価を行う際の評価規準を作成する。

### （3）「内容のまとまりごとの評価規準」を作成する際の基本的な手順

　　各教科における,「内容のまとまりごとの評価規準」を作成する際の基本的な手順は以下のとおりである。

---

　　学習指導要領に示された教科及び学年（又は分野）の目標を踏まえて,「評価の観点及びその趣旨」が作成されていることを理解した上で,

① 　各教科における「内容のまとまり」と「評価の観点」との関係を確認する。

② 　【観点ごとのポイント】を踏まえ,「内容のまとまりごとの評価規準」を作成する。

---

[9] 「2　　内容」において示されている指導事項等を整理することで「内容のまとまり」を構成している教科もある。この場合は,整理した資質・能力をもとに,構成された「内容のまとまり」に基づいて学習指導の目標を設定することとなる。また,目標や評価規準の設定は,教育課程を編成する主体である各学校が,学習指導要領に基づきつつ児童生徒や学校,地域の実情に応じて行うことが必要である。

[10] 小学校家庭,中学校技術・家庭（家庭分野）については,学習指導要領の目標及び分野の目標の（2）に思考力・判断力・表現力等の育成に係る学習過程が記載されているため,これらを踏まえて「内容のまとまりごとの評価規準」を作成する必要がある。

[11] 各教科等の特性によって単元や題材など内容や時間のまとまりはさまざまであることから,評価を行う際は,それぞれの実現状況が把握できる段階について検討が必要である。

[12] 各教科等によって,評価の対象に特性があることに留意する必要がある。例えば,体育・保健体育科の運動に関する領域においては,公正や協力などを,育成する「態度」として学習指導要領に位置付けており,各教科等の目標や内容に対応した学習評価が行われることとされている。

①，②については，第2編において詳述する。同様に，【観点ごとのポイント】については，第2編に各教科等において示している。

### （4）評価の計画を立てることの重要性

学習指導のねらいが児童生徒の学習状況として実現されたかについて，評価規準に照らして観察し，毎時間の授業で適宜指導を行うことは，育成を目指す資質・能力を児童生徒に育むためには不可欠である。その上で，評価規準に照らして，観点別学習状況の評価をするための記録を取ることになる。そのためには，いつ，どのような方法で，児童生徒について観点別学習状況を評価するための記録を取るのかについて，評価の計画を立てることが引き続き大切である。

毎時間児童生徒全員について記録を取り，総括の資料とするために蓄積することは現実的ではないことからも，児童生徒全員の学習状況を記録に残す場面を精選し，かつ適切に評価するための評価の計画が一層重要になる。

### （5）観点別学習状況の評価に係る記録の総括

適切な評価の計画の下に得た，児童生徒の観点別学習状況の評価に係る記録の総括の時期としては，単元（題材）末，学期末，学年末等の節目が考えられる。

総括を行う際，観点別学習状況の評価に係る記録が，観点ごとに複数ある場合は，例えば，次のような方法が考えられる。

- **評価結果のＡ，Ｂ，Ｃの数を基に総括する場合**

  何回か行った評価結果のＡ，Ｂ，Ｃの数が多いものが，その観点の学習の実施状況を最もよく表現しているとする考え方に立つ総括の方法である。例えば，3回評価を行った結果が「ＡＢＢ」ならばＢと総括することが考えられる。なお，「ＡＡＢＢ」の総括結果をＡとするかＢとするかなど，同数の場合や三つの記号が混在する場合の総括の仕方をあらかじめ各学校において決めておく必要がある。

- **評価結果のＡ，Ｂ，Ｃを数値に置き換えて総括する場合**

  何回か行った評価結果Ａ，Ｂ，Ｃを，例えばＡ＝3，Ｂ＝2，Ｃ＝1のように数値によって表し，合計したり平均したりする総括の方法である。例えば，総括の結果をＢとする範囲を［2.5≧平均値≧1.5］とすると，「ＡＢＢ」の平均値は，約2.3［（3＋2＋2）÷3］で総括の結果はＢとなる。

  なお，評価の各節目のうち特定の時点に重きを置いて評価を行う場合など，この例のような平均値による方法以外についても様々な総括の方法が考えられる。

### （6）観点別学習状況の評価の評定への総括

評定は，各教科の観点別学習状況の評価を総括した数値を示すものである。評定は，児童生徒がどの教科の学習に望ましい学習状況が認められ，どの教科の学習に課題が

認められるのかを明らかにすることにより，教育課程全体を見渡した学習状況の把握と指導や学習の改善に生かすことを可能とするものである。

評定への総括は，学期末や学年末などに行われることが多い。学年末に評定へ総括する場合には，学期末に総括した評定の結果を基にする場合と，学年末に観点ごとに総括した結果を基にする場合が考えられる。

観点別学習状況の評価の評定への総括は，各観点の評価結果をＡ，Ｂ，Ｃの組合せ，又は，Ａ，Ｂ，Ｃを数値で表したものに基づいて総括し，その結果を小学校では３段階，中学校では５段階で表す。

Ａ，Ｂ，Ｃの組合せから評定に総括する場合，各観点とも同じ評価がそろう場合は，小学校については，「ＢＢＢ」であれば２を基本としつつ，「ＡＡＡ」であれば３，「ＣＣＣ」であれば１とするのが適当であると考えられる。中学校については，「ＢＢＢ」であれば３を基本としつつ，「ＡＡＡ」であれば５又は４，「ＣＣＣ」であれば２又は１とするのが適当であると考えられる。それ以外の場合は，各観点のＡ，Ｂ，Ｃの数の組合せから適切に評定することができるようあらかじめ各学校において決めておく必要がある。

なお，観点別学習状況の評価結果は，「十分満足できる」状況と判断されるものをＡ，「おおむね満足できる」状況と判断されるものをＢ，「努力を要する」状況と判断されるものをＣのように表されるが，そこで表された学習の実現状況には幅があるため，機械的に評定を算出することは適当ではない場合も予想される。

また，評定は，小学校については，小学校学習指導要領等に示す各教科の目標に照らして，その実現状況を「十分満足できる」状況と判断されるものを３，「おおむね満足できる」状況と判断されるものを２，「努力を要する」状況と判断されるものを１，中学校については，中学校学習指導要領等に示す各教科の目標に照らして，その実現状況を「十分満足できるもののうち，特に程度が高い」状況と判断されるものを５，「十分満足できる」状況と判断されるものを４，「おおむね満足できる」状況と判断されるものを３，「努力を要する」状況と判断されるものを２，「一層努力を要する」状況と判断されるものを１という数値で表される。しかし，この数値を児童生徒の学習状況について三つ（小学校）又は五つ（中学校）に分類したものとして捉えるのではなく，常にこの結果の背景にある児童生徒の具体的な学習の実現状況を思い描き，適切に捉えることが大切である。評定への総括に当たっては，このようなことも十分に検討する必要がある[13]。

なお，各学校では観点別学習状況の評価の観点ごとの総括及び評定への総括の考え

---

[13] 改善等通知では，「評定は各教科の学習の状況を総括的に評価するものであり，『観点別学習状況』において掲げられた観点は，分析的な評価を行うものとして，各教科の評定を行う場合において基本的な要素となるものであることに十分留意する。その際，評定の適切な決定方法等については，各学校において定める。」と示されている。（P.7，8参照）

方や方法について，教師間で共通理解を図り，児童生徒及び保護者に十分説明し理解を得ることが大切である。

## 2 総合的な学習の時間における評価規準の作成及び評価の実施等について

### （1）総合的な学習の時間の「評価の観点」について

平成29年改訂学習指導要領では，各教科等の目標や内容を「知識及び技能」，「思考力，判断力，表現力等」，「学びに向かう力，人間性等」の資質・能力の三つの柱で再整理しているが，このことは総合的な学習の時間においても同様である。

総合的な学習の時間においては，学習指導要領が定める目標を踏まえて各学校が目標や内容を設定するという総合的な学習の時間の特質から，各学校が観点を設定するという枠組みが維持されている。一方で，各学校が目標や内容を定める際には，学習指導要領において示された以下について考慮する必要がある。

---

【各学校において定める目標】

・　各学校において定める目標については，各学校における教育目標を踏まえ，総合的な学習の時間を通して育成を目指す資質・能力を示すこと。　　　　（第2の3(1)）

---

総合的な学習の時間を通して育成を目指す資質・能力を示すとは，各学校における教育目標を踏まえて，各学校において定める目標の中に，この時間を通して育成を目指す資質・能力を，三つの柱に即して具体的に示すということである。

---

【各学校において定める内容】

・　探究課題の解決を通して育成を目指す具体的な資質・能力については，次の事項に配慮すること。

ア　知識及び技能については，他教科等及び総合的な学習の時間で習得する知識及び技能が相互に関連付けられ，社会の中で生きて働くものとして形成されるようにすること。

イ　思考力，判断力，表現力等については，課題の設定，情報の収集，整理・分析，まとめ・表現などの探究的な学習の過程において発揮され，未知の状況において活用できるものとして身に付けられるようにすること。

ウ　学びに向かう力，人間性等については，自分自身に関すること及び他者や社会との関わりに関することの両方の視点を踏まえること。　　　　（第2の3(6)）

---

各学校において定める内容について，今回の改訂では新たに，「目標を実現するにふさわしい探究課題」，「探究課題の解決を通して育成を目指す具体的な資質・能力」の二つを定めることが示された。「探究課題の解決を通して育成を目指す具体的な資質・能力」とは，各学校において定める目標に記された資質・能力を，各探究課題に即して具体的に示したものであり，教師の適切な指導の下，児童生徒が各探究課題の解決に取り組む中で，育成することを目指す資質・能力のことである。この具体的な資質・能力も，「知識及び技能」，「思考力，判断力，表現力等」，「学びに向かう力，人間性等」という

資質・能力の三つの柱に即して設定していくことになる。

このように，各学校において定める目標と内容には，三つの柱に沿った資質・能力が明示されることになる。

したがって，資質・能力の三つの柱で再整理した新学習指導要領の下での指導と評価の一体化を推進するためにも，評価の観点についてこれらの資質・能力に関わる「知識・技能」，「思考・判断・表現」，「主体的に学習に取り組む態度」の３観点に整理し示したところである。

### （２）総合的な学習の時間の「内容のまとまり」の考え方

学習指導要領の第２の２では，「各学校においては，第１の目標を踏まえ，各学校の総合的な学習の時間の内容を定める。」とされており，各教科のようにどの学年で何を指導するのかという内容を明示していない。これは，各学校が，学習指導要領が定める目標の趣旨を踏まえて，地域や学校，児童生徒の実態に応じて，創意工夫を生かした内容を定めることが期待されているからである。

この内容の設定に際しては，前述したように「目標を実現するにふさわしい探究課題」，「探究課題の解決を通して育成を目指す具体的な資質・能力」の二つを定めることが示され，探究課題としてどのような対象と関わり，その探究課題の解決を通して，どのような資質・能力を育成するのかが内容として記述されることになる。（図７参照）

**図７**

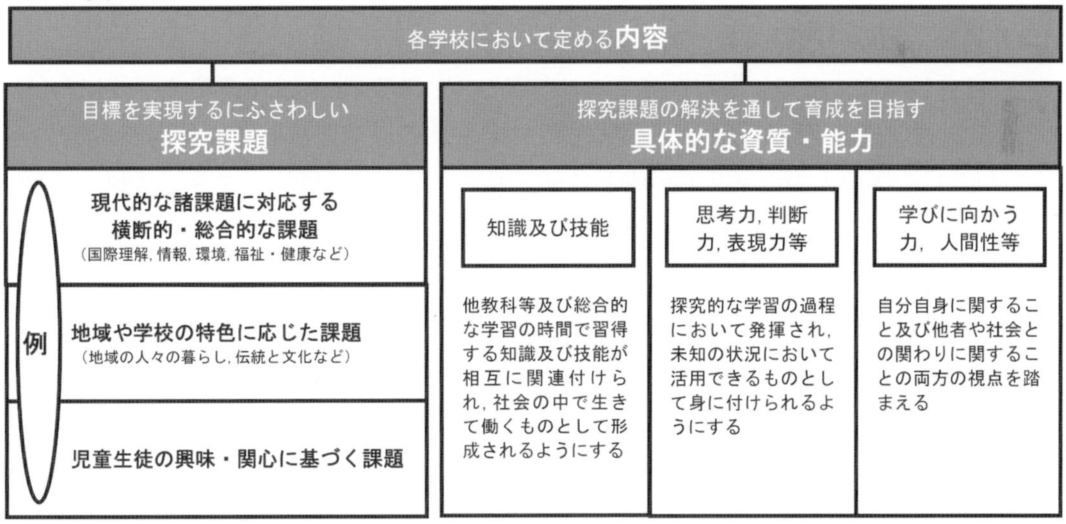

本参考資料第１編第２章の１（２）では，「内容のまとまり」について，「学習指導要領に示す各教科等の『第２　各学年の目標及び内容　２　内容』の項目等をそのまとまりごとに細分化したり整理したりしたもので，『内容のまとまり』ごとに育成を目指す資質・能力が示されている」と説明されている。

したがって，総合的な学習の時間における「内容のまとまり」とは，全体計画に示した「目標を実現するにふさわしい探究課題」のうち，一つ一つの探究課題とその探究課題に応じて定めた具体的な資質・能力と考えることができる。

### （3）「内容のまとまりごとの評価規準」を作成する際の基本的な手順

　　総合的な学習の時間における，「内容のまとまりごとの評価規準」を作成する際の基本的な手順は以下のとおりである。

> ①　各学校において定めた目標（第2の1）と「評価の観点及びその趣旨」を確認する。
>
> ②　各学校において定めた内容の記述（「内容のまとまり」として探究課題ごとに作成した「探究課題の解決を通して育成を目指す具体的な資質・能力」）が，観点ごとにどのように整理されているかを確認する。
>
> ③【観点ごとのポイント】を踏まえ，「内容のまとまりごとの評価規準」を作成する。

## 3　特別活動の「評価の観点」とその趣旨，並びに評価規準の作成及び評価の実施等について

### （1）特別活動の「評価の観点」とその趣旨について

　　特別活動においては，改善等通知において示されたように，特別活動の特質と学校の創意工夫を生かすということから，設置者ではなく，「各学校で評価の観点を定める」ものとしている。本参考資料では「評価の観点」とその趣旨の設定について示している。

### （2）特別活動の「内容のまとまり」

　　小学校においては，学習指導要領の内容の〔学級活動〕「（1）学級や学校における生活づくりへの参画」，「（2）日常の生活や学習への適応と自己の成長及び健康安全」，「（3）一人一人のキャリア形成と自己実現」，〔児童会活動〕，〔クラブ活動〕，〔学校行事〕（1）儀式的行事，（2）文化的行事，（3）健康安全・体育的行事，（4）遠足・集団宿泊的行事，（5）勤労生産・奉仕的行事を「内容のまとまり」とした。

　　中学校においては，学習指導要領の内容の〔学級活動〕「（1）学級や学校における生活づくりへの参画」，「（2）日常の生活や学習への適応と自己の成長及び健康安全」，「（3）一人一人のキャリア形成と自己実現」，〔生徒会活動〕，〔学校行事〕（1）儀式的行事，（2）文化的行事，（3）健康安全・体育的行事，（4）旅行・集団宿泊的行事，（5）勤労生産・奉仕的行事を「内容のまとまり」とした。

### （3）特別活動の「評価の観点」とその趣旨，並びに「内容のまとまりごとの評価規準」を作成する際の基本的な手順

　　各学校においては，学習指導要領に示された特別活動の目標及び内容を踏まえ，自校の実態に即し，改善等通知の例示を参考に観点を作成する。その際，例えば，特別活動の特質や学校として重点化した内容を踏まえて，具体的な観点を設定することが考えられる。

　また，学習指導要領解説では，各活動・学校行事の内容ごとに育成を目指す資質・能力が例示されている。そこで，学習指導要領で示された「各活動・学校行事の目標」及び学習指導要領解説で例示された「資質・能力」を確認し，各学校の実態に合わせて育成を目指す資質・能力を重点化して設定する。

　次に，各学校で設定した，各活動・学校行事で育成を目指す資質・能力を踏まえて，「内容のまとまりごとの評価規準」を作成する。その際，小学校の学級活動においては，学習指導要領で示した「各学年段階における配慮事項」や，学習指導要領解説に示した「発達の段階に即した指導のめやす」を踏まえて，低・中・高学年ごとに評価規準を作成することが考えられる。基本的な手順は以下のとおりである。

| |
|---|
| ①　学習指導要領の「特別活動の目標」と改善等通知を確認する。 |
| ②　学習指導要領の「特別活動の目標」と自校の実態を踏まえ，改善等通知の例示を参考に，特別活動の「評価の観点」とその趣旨を設定する。 |
| ③　学習指導要領の「各活動・学校行事の目標」及び学習指導要領解説特別活動編（平成29年7月）で例示した「各活動・学校行事における育成を目指す資質・能力」を参考に，各学校において育成を目指す資質・能力を重点化して設定する。 |
| ④　【観点ごとのポイント】を踏まえ，「内容のまとまりごとの評価規準」を作成する。 |

**（参考）平成 23 年「評価規準の作成，評価方法等の工夫改善のための参考資料」からの変更点について**

　今回作成した本参考資料は，平成 23 年の「評価規準の作成，評価方法等の工夫改善のための参考資料」を踏襲するものであるが，以下のような変更点があることに留意が必要である[14]。

　まず，平成 23 年の参考資料において使用していた「評価規準に盛り込むべき事項」や「評価規準の設定例」については，報告において「現行の参考資料のように評価規準を詳細に示すのではなく，各教科等の特質に応じて，学習指導要領の規定から評価規準を作成する際の手順を示すことを基本とする」との指摘を受け，第 2 編において示すことを改め，本参考資料の第 3 編における事例の中で，各教科等の事例に沿った評価規準を例示したり，その作成手順等を紹介したりする形に改めている。

　次に，本参考資料の第 2 編に示す「内容のまとまりごとの評価規準」は，平成 23 年の「評価規準の作成，評価方法等の工夫改善のための参考資料」において示した「評価規準に盛り込むべき事項」と作成の手順を異にする。具体的には，「評価規準に盛り込むべき事項」は，平成 20 年改訂学習指導要領における各教科等の目標，各学年（又は分野）の目標及び内容の記述を基に，学習評価及び指導要録の改善通知で示している各教科等の評価の観点及びその趣旨，学年（又は分野）別の評価の観点の趣旨を踏まえて作成したものである。

　また，平成 23 年の参考資料では「評価規準に盛り込むべき事項」をより具体化したものを「評価規準の設定例」として示している。「評価規準の設定例」は，原則として，学習指導要領の各教科等の目標，学年（又は分野）別の目標及び内容のほかに，当該部分の学習指導要領解説（文部科学省刊行）の記述を基に作成していた。他方，本参考資料における「内容のまとまりごとの評価規準」については，平成 29 年改訂の学習指導要領の目標及び内容が育成を目指す資質・能力に関わる記述で整理されたことから，既に確認のとおり，そこでの「内容のまとまり」ごとの記述を，文末を変換するなどにより評価規準とすることを可能としており，学習指導要領の記載と表裏一体をなす関係にあると言える。

　さらに，「主体的に学習に取り組む態度」の「各教科等・各学年等の評価の観点の趣旨」についてである。前述のとおり，従前の「関心・意欲・態度」の観点から「主体的に学習に取り組む態度」の観点に改められており，「主体的に学習に取り組む態度」の観点に関しては各学年（又は分野）の「1　目標」を参考にしつつ，必要に応じて，改善等通知別紙 4 に示された学年（又は分野）別の評価の観点の趣旨のうち「主体的に学習に取り組む態度」に関わる部分を用いて「内容のまとまりごとの評価規準」を作成する必要がある。

---

[14] 特別活動については，これまでも三つの観点に基づいて児童生徒の資質・能力の育成を目指し，指導に生かしてきたところであり，上記の変更点に該当するものではないことに留意が必要である。

報告にあるとおり，「主体的に学習に取り組む態度」は，現行の「関心・意欲・態度」の観点の本来の趣旨であった，各教科等の学習内容に関心をもつことのみならず，よりよく学ぼうとする意欲をもって学習に取り組む態度を評価することを改めて強調するものである。また，本観点に基づく評価としては，「主体的に学習に取り組む態度」に係る各教科等の評価の観点の趣旨に照らし，

① 知識及び技能を獲得したり，思考力，判断力，表現力等を身に付けたりすることに向けた粘り強い取組を行おうとする側面と，

② ①の粘り強い取組を行う中で，自らの学習を調整しようとする側面，

という二つの側面を評価することが求められるとされた[15]。

以上の点から，今回の改善等通知で示した「主体的に学習に取り組む態度」の「各教科等・各学年等の評価の観点の趣旨」は，平成 22 年通知で示した「関心・意欲・態度」の「各教科等・各学年等の評価の観点の趣旨」から改められている。

---

[15] 各教科等によって，評価の対象に特性があることに留意する必要がある。例えば，体育・保健体育科の運動に関する領域においては，公正や協力などを，育成する「態度」として学習指導要領に位置付けており，各教科等の目標や内容に対応した学習評価が行われることとされている。

# 第2編

## 「内容のまとまりごとの評価規準」
## を作成する際の手順

# 第2講

## 「内容のまとまりごとの評価規準」

## を作成する方法について

# 1 小学校算数科の「内容のまとまり」

　平成 23 年「評価規準の作成，評価方法等の工夫改善のための参考資料【小学校　算数】」では，「A　数と計算」「B　量と測定」「C　図形」「D　数量関係」というように，領域を「内容のまとまり」としていた。

　平成 29 年改訂小学校学習指導要領では，算数科において，各領域の(1)，(2)，・・・ごとに「知識及び技能」と「思考力，判断力，表現力等」を記載したことにより，本参考資料は各領域の(1)，(2)，・・・それぞれを，「内容のまとまり」と改めている。

　したがって，小学校算数科における「内容のまとまり」は，以下のとおりである。

---

〔第 1 学年〕

「A　数と計算」(1) 数の構成と表し方

「A　数と計算」(2) 加法，減法

「B　図形」(1) 図形についての理解の基礎

「C　測定」(1) 量と測定についての理解の基礎

「C　測定」(2) 時刻の読み方

「D　データの活用」(1) 絵や図を用いた数量の表現


〔第 2 学年〕

「A　数と計算」(1) 数の構成と表し方

「A　数と計算」(2) 加法，減法

「A　数と計算」(3) 乗法

「B　図形」(1) 三角形や四角形などの図形

「C　測定」(1) 長さやかさの単位と測定

「C　測定」(2) 時間の単位

「D　データの活用」(1) 簡単な表やグラフ


〔第 3 学年〕

「A　数と計算」(1) 数の表し方

「A　数と計算」(2) 加法，減法

「A　数と計算」(3) 乗法

「A　数と計算」(4) 除法

「A　数と計算」(5) 小数の意味と表し方

「A　数と計算」(6) 分数の意味と表し方

「A　数と計算」(7) 数量の関係を表す式

「A　数と計算」(8) そろばん

「B　図形」(1) 二等辺三角形，正三角形などの図形

---

「C　測定」(1)　長さ，重さの単位と測定
「C　測定」(2)　時刻と時間
「D　データの活用」(1)　表と棒グラフ


〔第4学年〕
「A　数と計算」(1)　整数の表し方
「A　数と計算」(2)　概数と四捨五入
「A　数と計算」(3)　整数の除法
「A　数と計算」(4)　小数の仕組みとその計算
「A　数と計算」(5)　同分母の分数の加法，減法
「A　数と計算」(6)　数量の関係を表す式
「A　数と計算」(7)　四則に関して成り立つ性質
「A　数と計算」(8)　そろばん
「B　図形」(1)　平行四辺形，ひし形，台形などの平面図形
「B　図形」(2)　立方体，直方体などの立体図形
「B　図形」(3)　ものの位置の表し方
「B　図形」(4)　平面図形の面積
「B　図形」(5)　角の大きさ
「C　変化と関係」(1)　伴って変わる二つの数量
「C　変化と関係」(2)　簡単な場合についての割合
「D　データの活用」(1)　データの分類整理


〔第5学年〕
「A　数と計算」(1)　整数の性質
「A　数と計算」(2)　整数，小数の記数法
「A　数と計算」(3)　小数の乗法，除法
「A　数と計算」(4)　分数の意味と表し方
「A　数と計算」(5)　分数の加法，減法
「A　数と計算」(6)　数量の関係を表す式
「B　図形」(1)　平面図形の性質
「B　図形」(2)　立体図形の性質
「B　図形」(3)　平面図形の面積
「B　図形」(4)　立体図形の体積
「C　変化と関係」(1)　伴って変わる二つの数量の関係
「C　変化と関係」(2)　異種の二つの量の割合
「C　変化と関係」(3)　割合
「D　データの活用」(1)　円グラフや帯グラフ
「D　データの活用」(2)　測定値の平均

〔第6学年〕

「A 数と計算」(1) 分数の乗法，除法

「A 数と計算」(2) 文字を用いた式

「B 図形」(1) 縮図や拡大図，対称な図形

「B 図形」(2) 概形とおよその面積

「B 図形」(3) 円の面積

「B 図形」(4) 角柱及び円柱の体積

「C 変化と関係」(1) 比例

「C 変化と関係」(2) 比

「D データの活用」(1) データの考察

「D データの活用」(2) 起こり得る場合

## 2　小学校算数科における「内容のまとまりごとの評価規準」作成の手順

　ここでは，第6学年の「B　図形」(1)を取り上げて，「内容のまとまりごとの評価規準」作成の手順を説明する。

　まず，学習指導要領に示された教科及び学年の目標を踏まえて，「評価の観点及びその趣旨」が作成されていることを理解する。その上で，①及び②の手順を踏む。

## ＜例　第6学年の「B　図形」(1)＞

### 【小学校学習指導要領 第2章 第3節　算数「第1　目標」】

　数学的な見方・考え方を働かせ，数学的活動を通して，数学的に考える資質・能力を次のとおり育成することを目指す。

| （1） | （2） | （3） |
|---|---|---|
| 数量や図形などについての基礎的・基本的な概念や性質などを理解するとともに，日常の事象を数理的に処理する技能を身に付けるようにする。 | 日常の事象を数理的に捉え見通しをもち筋道を立てて考察する力，基礎的・基本的な数量や図形の性質などを見いだし統合的・発展的に考察する力，数学的な表現を用いて事象を簡潔・明瞭・的確に表したり目的に応じて柔軟に表したりする力を養う。 | 数学的活動の楽しさや数学のよさに気付き，学習を振り返ってよりよく問題解決しようとする態度，算数で学んだことを生活や学習に活用しようとする態度を養う。 |

（小学校学習指導要領　P.64）

### 【改善等通知 別紙4　算数（1）評価の観点及びその趣旨　＜小学校　算数＞】

| 知識・技能 | 思考・判断・表現 | 主体的に学習に取り組む態度 |
|---|---|---|
| ・数量や図形などについての基礎的・基本的な概念や性質などを理解している。<br>・日常の事象を数理的に処理する技能を身に付けている。 | 日常の事象を数理的に捉え，見通しをもち筋道を立てて考察する力，基礎的・基本的な数量や図形の性質などを見いだし統合的・発展的に考察する力，数学的な表現を用いて事象を簡潔・明瞭・的確に表したり目的に応じて柔軟に表したりする力を身に付けている。 | 数学的活動の楽しさや数学のよさに気付き粘り強く考えたり，学習を振り返ってよりよく問題解決しようとしたり，算数で学んだことを生活や学習に活用しようとしたりしている。 |

（改善等通知　別紙4　P.6）

**【小学校学習指導要領 第2章 第3節　算数「第2　各学年の目標及び内容」**

〔第6学年〕　1　目標〕

| （1） | （2） | （3） |
|---|---|---|
| 分数の計算の意味，文字を用いた式，図形の意味，図形の体積，比例，度数分布を表す表などについて理解するとともに，分数の計算をしたり，図形を構成したり，図形の面積や体積を求めたり，表やグラフに表したりすることなどについての技能を身に付けるようにする。 | 数とその表現や計算の意味に着目し，発展的に考察して問題を見いだすとともに，目的に応じて多様な表現方法を用いながら数の表し方や計算の仕方などを考察する力，図形を構成する要素や図形間の関係などに着目し，図形の性質や図形の計量について考察する力，伴って変わる二つの数量やそれらの関係に着目し，変化や対応の特徴を見いだして，二つの数量の関係を表や式，グラフを用いて考察する力，身の回りの事象から設定した問題について，目的に応じてデータを収集し，データの特徴や傾向に着目して適切な手法を選択して分析を行い，それらを用いて問題解決したり，解決の過程や結果を批判的に考察したりする力などを養う。 | 数学的に表現・処理したことを振り返り，多面的に捉え検討してよりよいものを求めて粘り強く考える態度，数学のよさに気付き学習したことを生活や学習に活用しようとする態度を養う。 |

（小学校学習指導要領　PP.87〜88）

**【改善等通知 別紙4　算数（2）学年別の評価の観点の趣旨　＜小学校　算数＞第6学年】**

| 知識・技能 | 思考・判断・表現 | 主体的に学習に取り組む態度 |
|---|---|---|
| ・分数の計算の意味，文字を用いた式，図形の意味，図形の体積，比例，度数分布を表す表などについて理解している。<br>・分数の計算をしたり，図形を構成したり，図形の面積や体積を求めたり，表やグラフに表したりすることなどにつ | 数とその表現や計算の意味に着目し，発展的に考察して問題を見いだすとともに，目的に応じて多様な表現方法を用いながら数の表し方や計算の仕方などを考察する力，図形を構成する要素や図形間の関係などに着目し，図形の性質や図形の計量について考察する力，伴っ | 数学的に表現・処理したことを振り返り，多面的に捉え検討してよりよいものを求めて粘り強く考えたり，数学のよさに気付き学習したことを生活や学習に活用しようとしたりしている。 |

いての技能を身に付けている。

て変わる二つの数量やそれらの関係に着目し，変化や対応の特徴を見いだして，二つの数量の関係を表や式，グラフを用いて考察する力，身の回りの事象から設定した問題について，目的に応じてデータを収集し，データの特徴や傾向に着目して適切な手法を選択して分析を行い，それらを用いて問題解決したり，解決の過程や結果を批判的に考察したりする力などを身に付けている。

（改善等通知　別紙4　P. 9）

## ①　各教科における「内容のまとまり」と「評価の観点」との関係を確認する。

B　図形
⑴　平面図形に関わる数学的活動を通して，次の事項を身に付けることができるよう指導する。
　　ア　次のような知識及び技能を身に付けること。
　　　㋐　縮図や拡大図について理解すること。
　　　㋑　対称な図形について理解すること。
　　イ　次のような思考力，判断力，表現力等を身に付けること。
　　　㋐　図形を構成する要素及び図形間の関係に着目し，構成の仕方を考察したり図形の性質を見いだしたりするとともに，その性質を基に既習の図形を捉え直したり日常生活に生かしたりすること。

（小学校学習指導要領 PP. 88〜89）

　　〔用語・記号〕線対称　点対称　対称の軸　対称の中心

（小学校学習指導要領 P. 91）

---

　　（下線）…知識及び技能に関する内容
　　（波線）…思考力，判断力，表現力等に関する内容

---

## ②　【観点ごとのポイント】を踏まえ，「内容のまとまりごとの評価規準」を作成する。

（1）内容のまとまりごとの評価規準を作成する際の【観点ごとのポイント】

○「知識・技能」のポイント
・基本的に，当該内容のまとまりで育成を目指す資質・能力に該当する指導事項について，育成したい資質・能力に照らして，「知識及び技能」で示された内容をもとに，その文末を「〜している」「〜できる」として，評価規準を作成する。
○「思考・判断・表現」のポイント
・基本的に，当該内容のまとまりで育成を目指す資質・能力に該当する指導事項について，育成したい資質・能力に照らして，「思考力，判断力，表現力等」で示された内容をもとに，その文末を「〜している」として，評価規準を作成する。
○「主体的に学習に取り組む態度」のポイント
・当該学年目標の(3)の主体的に学習に取り組む態度の「観点の趣旨」をもとに，指導事項を踏まえて，その文末を「〜している」として，評価規準を作成する。

**（2）学習指導要領の「2　内容」及び「内容のまとまりごとの評価規準（例）」**

| | 知識及び技能 | 思考力，判断力，表現力等 | 学びに向かう力，人間性等 |
|---|---|---|---|
| 学習指導要領　2　内容 | （ア）縮図や拡大図について理解すること。<br>（イ）対称な図形について理解すること。 | （ア）図形を構成する要素及び図形間の関係に着目し，構成の仕方を考察したり図形の性質を見いだしたりするとともに，その性質を基に既習の図形を捉え直したり日常生活に生かしたりすること。 | ※内容には，学びに向かう力，人間性等について示されていないことから，該当学年の目標(3)を参考にする。 |

| | 知識・技能 | 思考・判断・表現 | 主体的に学習に取り組む態度 |
|---|---|---|---|
| 内容のまとまりごとの評価規準　例 | ・縮図や拡大図について理解している。<br>・対称な図形について理解している。 | ・図形を構成する要素及び図形間の関係に着目し，構成の仕方を考察したり図形の性質を見いだしたりしているとともに，その性質を基に既習の図形を捉え直したり日常生活に生かしたりしている。 | ・縮図や拡大図及び対称な図形について，数学的に表現・処理したことを振り返り，多面的に捉え検討してよりよいものを求めて粘り強く考えたり，数学のよさに気付き学習したことを生活や学習に活用しようとしたりしている。<br><br>※必要に応じて学年別の評価の観点の趣旨のうち「主体的に学習に取り組む態度」に関わる部分を用いて作成する。 |

# 第３編

# 単元ごとの学習評価について

# （事例）

# 第1章　「内容のまとまりごとの評価規準」の考え方を踏まえた評価規準の作成

## 1　本編事例における学習評価の進め方について

　単元における観点別学習状況の評価を実施するに当たり，まずは年間の指導と評価の計画を確認することが重要である。その上で，学習指導要領の目標や内容，「内容のまとまりごとの評価規準」の考え方等を踏まえ，以下のように進めることが考えられる。なお，複数の単元にわたって評価を行う場合など，以下の方法によらない事例もあることに留意する必要がある。

| 評価の進め方 | 留意点 |
|---|---|
| **1**　単元の目標を作成する | ○　学習指導要領の目標や内容，学習指導要領解説等を踏まえて作成する。<br>○　児童の実態，前単元までの学習状況等を踏まえて作成する。<br><br>※　単元の目標及び評価規準の関係性（イメージ）については下図参照<br><br>**単元の目標及び評価規準の関係性について（イメージ図）**<br><br>学習指導要領　第1編第2章1（2）を参照<br>「内容のまとまりごとの評価規準」<br><br>学習指導要領解説等を参考に，各学校において授業で育成を目指す資質・能力を明確化<br><br>「内容のまとまりごとの評価規準」の考え方等を踏まえて作成<br><br>単元の目標　第3編第1章2を参照<br>単元の評価規準<br><br>※ 外国語科及び外国語活動においてはこの限りではない。 |
| **2**　単元の評価規準を作成する | |
| **3**　「指導と評価の計画」を作成する | ○　1，2を踏まえ，評価場面や評価方法等を計画する。<br>○　どのような評価資料（児童の反応やノート，ワークシート，作品等）を基に，「おおむね満足できる」状況（B）と評価するかを考えたり，「努力を要する」状況（C）への手立て等を考えたりする。 |
| 授業を行う | ○　3に沿って観点別学習状況の評価を行い，児童の学習改善や教師の指導改善につなげる。 |
| **4**　観点ごとに総括する | ○　集めた評価資料やそれに基づく評価結果などから，観点ごとの総括的評価（A，B，C）を行う。 |

## 2　単元の評価規準の作成のポイント

### （1）算数科における単元及び単元の目標を作成する手順

　算数科においては，「内容のまとまり」を第2編「1　小学校算数科の内容のまとまり」で示しているように，「内容のまとまり」で示された内容の数が，学年や領域ごとに違いがあることから，指導する際の授業時数も「内容のまとまり」ごとに大きく異なる。例えば，20数時間かかる「内容のまとまり」もあれば，10数時間で終わるものもある。中には1，2時間で終わる「内容のまとまり」もある。

　単元は，児童に指導する内容を適切にまとめて構成されるものであるが，各学校において単元を作成する際には，「内容のまとまり」を，幾つかに分割して単元とする場合やそのまま単元とする場合，幾つかの「内容のまとまり」を組み合わせて単元とする場合があるので，このことに留意が必要である。

**表1　算数科における「内容のまとまり」と単元の関係（例）**

| 「内容のまとまり」 | 単元（例） |
|---|---|
| 第2学年「C　測定」（1）「長さやかさの単位と測定」 | 単元「長さ」<br>単元「かさ」 |
| 第2学年「C　測定」（2）「時間の単位」 | 単元「時刻と時間」 |
| 第3学年「A　数と計算」（4）「除法」 | 単元「わり算」<br>単元「余りのあるわり算」<br>単元「大きな数のわり算」 |
| 第4学年「A　数と計算」（6）「数量の関係を表す式」<br>第4学年「A　数と計算」（7）「四則に関して成り立つ性質」 | 単元「式と計算」 |
| 第5学年「B　図形」（3）「平面図形の面積」 | 単元「平面図形の面積」 |
| 第6学年「B　図形」（1）「縮図や拡大図，対称な図形」 | 単元「縮図や拡大図」<br>単元「対称な図形」 |

　算数科における単元には以上のような特徴があることを踏まえ，単元の目標は，当該学年の「学年目標」と「内容のまとまり」で示された内容をもとに，必要な記述を踏まえて作成することになる。

## （2）単元の評価規準の作成の手順

　単元及び単元の目標を作成し，次に単元の評価規準を作成する。

　算数科においても，小学校学習指導要領の文言をもとに作成した「内容のまとまりごとの評価規準（例）」を踏まえて作成する。

　ただし，算数科においては，以下の理由により，「内容のまとまりごとの評価規準（例）」に示された文言が，単元の評価規準の文言としてそのまま用いるには適さない場合があることに注意が必要である。

1．「内容のまとまり」をそのまま単元とするには適さない場合があること

　（1）で示したように，算数科においては，「内容のまとまり」をそのまま単元とするには適さない場合がある。

2．小学校学習指導要領の算数科の内容として示された文言の書き方に違いがあること

　小学校学習指導要領の算数科の内容として示された文言の書き方に違いがあることから，単元の評価規準として，そのまま用いることができる場合と，そのまま用いるには適さない場合がある。

　　○具体的に書かれているので，そのままの文言でほぼ用いることができる場合。

　　　例　第1学年　「A　数と計算」　（1）「数の構成と表し方」

　　　　（ア）　ものとものとを対応させることによって，ものの個数を比べること。

　　○抽象度を上げて書かれているので，そのままの文言では，評価規準として用いるには適さない場合。

　　　このような場合は，評価規準をより具体的に示す必要がある。

　　　例　第6学年　「B　図形」　（1）「縮図や拡大図，対称な図形」

　　　　（ア）　縮図や拡大図について理解すること。

　以上のことから，算数科においては，「内容のまとまりごとの評価規準」から「具体的な内容のまとまりごとの評価規準」を作成し，「具体的な内容のまとまりごとの評価規準」をもとに「単元の評価規準」を作成することとする。

---

**「内容のまとまりごとの評価規準」**

　　↓　上記2を踏まえて，評価規準の文言を具体的な書き方で表現を揃える。

**「具体的な内容のまとまりごとの評価規準」**

　　↓　単元に合わせて，「具体的な内容のまとまりごとの評価規準」をそのまま用いたり，分割したり，組み合わせたりして，単元の評価規準を作成する。

**「単元の評価規準」**

---

## （3）「内容のまとまりごとの評価規準」をもとに，【観点ごとのポイント】を踏まえ，「具体的な内容のまとまりごとの評価規準」を作成する

### ①　「具体的な内容のまとまりごとの評価規準」を作成する際の【観点ごとのポイント】

○「知識・技能」のポイント

・小学校学習指導要領の算数科の内容として示された「知識及び技能」の文言は，学年や領域ごとに書き方が揃っていない。

・そこで，実際に単元において評価するに当たって，指導し評価する事項が明確になるように，具体的な書き方で表現を揃える必要がある。

・その際，基本的に，当該「内容のまとまり」で育成を目指す資質・能力「知識及び技能」に該当する指導事項について，育成したい資質・能力「知識・技能」に照らして，「小学校学習指導要領解説算数編」などにおいて示された内容をもとに表現を揃え，その文末を「～している」「～できる」として，評価規準を作成する。

○「思考・判断・表現」のポイント

・小学校学習指導要領の算数科の内容として示された「思考力，判断力，表現力等」の文言は，学年や「内容のまとまり」の全体にかかわる内容となるように，抽象度を上げた書き方で示されている。また，「内容のまとまり」ごとに，主に主要な一つに絞って示されている。

・そこで，実際に単元において評価するに当たって，指導し評価する事項が明確になるように，具体的な書き方で表現を揃える必要がある。また，時には「知識・技能」に対応した「思考・判断・表現」の文言も示す必要がある。

・その際，基本的に，当該「内容のまとまり」で育成を目指す資質・能力「思考力，判断力，表現力等」に該当する指導事項について，育成したい資質・能力「思考力，判断力，表現力等」に照らして，「小学校学習指導要領解説算数編」などにおいて示された内容をもとに具体化し，その文末を「～している」として，評価規準を作成する。

○「主体的に学習に取り組む態度」のポイント

・「主体的に学習に取り組む態度」の「内容のまとまりごとの評価規準」は，当該学年目標の(3)を踏まえて作成した「主体的に学習に取り組む態度」の「観点の趣旨」をもとに，指導事項を踏まえて，その文末を「～している」として，評価規準を作成している。そのため，学年を通して最終的に育成すべき資質・能力がどの「内容のまとまり」においても同じように書かれていて，抽象度を上げた書き方で示されている。また，算数科においては，「内容のまとまり」は，1，2時間で学習が終わるものもあれば，40時間を超えて学習するものもあるなど，指導する際の授業時数が大きく異なることがある。

・そこで，実際に単元において評価するに当たって，指導し評価する事項が明確になるように，具体的な書き方で表現を揃えたり，時に追加したりする必要がある。

・その際，「小学校学習指導要領解説算数編」などにおいて示された内容をもとに，具体的な学習活動や指導事項を踏まえて具体化し，その文末を「～している」として，評価規準を作成する。

（例）第６学年「B　図形」（１）「縮図や拡大図，対称な図形」

② 学習指導要領の「2　内容」 及び 「内容のまとまりごとの評価規準（例）」,「具体的な内容のまとまりごとの評価規準（例）」

| 学習指導要領2内容 | 知識及び技能 | 思考力，判断力，表現力等 | 学びに向かう力，人間性等 |
|---|---|---|---|
| | (ｱ) 縮図や拡大図について理解すること。<br>(ｲ) 対称な図形について理解すること。 | (ｱ) 図形を構成する要素及び図形間の関係に着目し，構成の仕方を考察したり図形の性質を見いだしたりするとともに，その性質を基に既習の図形を捉え直したり日常生活に生かしたりすること。 | ※内容には，学びに向かう力，人間性等について示されていないことから，該当学年の目標(3)を参考にする。 |

| 内容のまとまりごとの評価規準（例） | 知識・技能 | 思考・判断・表現 | 主体的に学習に取り組む態度 |
|---|---|---|---|
| | ・縮図や拡大図について理解している。<br>・対称な図形について理解している。 | ・図形を構成する要素及び図形間の関係に着目し，構成の仕方を考察したり図形の性質を見いだしたりしているとともに，その性質を基に既習の図形を捉え直したり日常生活に生かしたりしている。 | ・縮図や拡大図及び対称な図形について，数学的に表現・処理したことを振り返り，多面的に捉え検討してよりよいものを求めて粘り強く考えたり，数学のよさに気付き学習したことを生活や学習に活用しようとしたりしている。<br><br>※必要に応じて学年別の評価の観点の趣旨のうち「主体的に学習に取り組む態度」に関わる部分を用いて作成する。 |

|  | 知識・技能 | 思考・判断・表現 | 主体的に学習に取り組む態度 |
|---|---|---|---|
| 具体的な内容のまとまりごとの評価規準（例） | ・縮図や拡大図について，その意味や，対応する角の大きさは全て等しく，対応する辺の長さの比はどこも一定であるなどの性質を理解している。<br>・方眼紙のます目を用いたり，対応する角の大きさは全て等しく，対応する辺の長さの比はどこも一定であることを用いたりして，縮図や拡大図をかくことができる。 | ・図形間の関係を考察し，縮図や拡大図の性質を見いだしている。<br>・縮図や拡大図の性質をもとにして，縮図や拡大図のかき方を考えている。<br>・縮図や拡大図を活用して，実際には測定しにくい長さの求め方を考えている。 | ・縮図や拡大図を簡潔・明瞭・的確に描こうとしたり，実際には測定しにくい長さの求め方を工夫して考えたりしている。<br>・実際には測定しにくい長さを縮図や拡大図を用いると求めることができるというよさに気付いている。<br>・縮図や拡大図を，身の回りから見付けようとしている。 |
|  | ・線対称な図形について，1本の直線を折り目として折ったとき，ぴったり重なる図形であることや，対応する点を結ぶ線分は，対称の軸によって垂直に二等分されることなどを理解している。<br>・点対称な図形について，対称の中心Oを中心にして180度回転したときに重なり合う図形であり，対応する点を結ぶ線分は全て，対称の中心を通り，その中心によって二等分されることなどを理解している。<br>・線対称な図形や点対称な図形をかくことができる。 | ・対称という観点から既習の図形を捉え直し，図形を分類整理したり，分類した図形の特徴を見いだしたりしている。<br>・図形を構成する要素の関係を考察し，線対称や点対称の図形の性質を見いだしている。<br>・線対称や点対称の図形の性質をもとにして，線対称や点対称な図形のかき方を考えている。 | ・対称な図形を，簡潔・明瞭・的確に描こうとしている。<br>・均整のとれた美しさ，安定性など対称な図形の美しさに気付いている。<br>・対称な図形を，身の回りから見付けようとしている。 |

## （4）「具体的な内容のまとまりごとの評価規準」から「単元の評価規準」を作成する例

　ここでは，「内容のまとまり」がそのまま単元になる場合と，「内容のまとまり」が幾つかの単元に分かれる場合について，例を示す。

## ＜例1＞「内容のまとまり」がそのまま単元になる場合

　（例）第5学年「B　図形」(3)「平面図形の面積」
　第5学年「B　図形」(3)「平面図形の面積」では，そのまま一つの単元として学習することが多い。そこで，その場合の評価規準の例を以下に示す。

「内容のまとまりごとの評価規準（例）」

| 知識・技能 | 思考・判断・表現 | 主体的に学習に取り組む態度 |
|---|---|---|
| ・三角形，平行四辺形，ひし形，台形の面積の計算による求め方について理解している。 | ・図形を構成する要素などに着目して，基本図形の面積の求め方を見いだしているとともに，その表現を振り返り，簡潔かつ的確な表現に高め，公式として導いている。 | ・三角形，平行四辺形，ひし形，台形の面積の求め方について，数学的に表現・処理したことを振り返り，多面的に捉え検討してよりよいものを求めて粘り強く考えたり，数学のよさに気付き学習したことを生活や学習に活用しようとしたりしている。 |

　以上を具体化して，「具体的な内容のまとまりごとの評価規準」を作成する。

「具体的な内容のまとまりごとの評価規準（例）」

| 知識・技能 | 思考・判断・表現 | 主体的に学習に取り組む態度 |
|---|---|---|
| ・必要な部分の長さを用いることで，三角形，平行四辺形，ひし形，台形の面積は計算によって求めることができることを理解している。<br>・三角形，平行四辺形，ひし形，台形の面積を公式を用いて求めることができる。 | ・三角形，平行四辺形，ひし形，台形の面積の求め方を，求積可能な図形の面積の求め方を基に考えている。<br>・見いだした求積方法や式表現を振り返り，簡潔かつ的確な表現を見いだしている。 | ・求積可能な図形に帰着させて考えると面積を求めることができるというよさに気付き，三角形，平行四辺形，ひし形，台形の面積を求めようとしている。<br>・見いだした求積方法や式表現を振り返り，簡潔かつ的確な表現に高めようとしている。 |

「具体的な内容のまとまりごとの評価規準」は，そのまま単元の評価規準とすることができる。

**単元の評価規準（例）**

| 知識・技能 | 思考・判断・表現 | 主体的に学習に取り組む態度 |
|---|---|---|
| ・必要な部分の長さを用いることで，三角形，平行四辺形，ひし形，台形の面積は計算によって求めることができることを理解している。<br>・三角形，平行四辺形，ひし形，台形の面積を，公式を用いて求めることができる。 | ・三角形，平行四辺形，ひし形，台形の面積の求め方を，求積可能な図形の面積の求め方を基に考えている。<br>・見いだした求積方法や式表現を振り返り，簡潔かつ的確な表現を見いだしている。 | ・求積可能な図形に帰着させて考えると面積を求めることができるというよさに気付き，三角形，平行四辺形，ひし形，台形の面積を求めようとしている。<br>・見いだした求積方法や式表現を振り返り，簡潔かつ的確な表現に高めようとしている。 |

## ＜例２＞ 「内容のまとまり」が幾つかの単元に分かれる場合

（例）第３学年「Ａ　数と計算」（４）「除法」

　第３学年「Ａ　数と計算」（４）「除法」では，「わり算」，「余りのあるわり算」，「大きな数のわり算」と三つの単元に分けて学習することが多い。そこで，その場合の評価規準の例を以下に示す。

### 「内容のまとまりごとの評価規準（例）」

| 知識・技能 | 思考・判断・表現 | 主体的に学習に取り組む態度 |
|---|---|---|
| ・除法の意味について理解し，それが用いられる場合について知っている。また，余りについて知っている。<br>・除法が用いられる場面を式に表したり，式を読み取ったりすることができる。<br>・除法と乗法や減法との関係について理解している。<br>・除数と商が共に１位数である除法の計算が確実にできる。<br>・簡単な場合について，除数が１位数で商が２位数の除法の計算の仕方を知っている。 | ・数量の関係に着目し，計算の意味や計算の仕方を考えたり，計算に関して成り立つ性質を見いだしたりしているとともに，その性質を活用して，計算を工夫したり計算の確かめをしたりしている。<br>・数量の関係に着目し，計算を日常生活に生かしている。 | ・除法に進んで関わり，数学的に表現・処理したことを振り返り，数理的な処理のよさに気付き生活や学習に活用しようとしている。 |

以上を具体化して，「具体的な内容のまとまりごとの評価規準」を作成する。

### 「具体的な内容のまとまりごとの評価規準（例）」

| 知識・技能 | 思考・判断・表現 | 主体的に学習に取り組む態度 |
|---|---|---|
| ・包含除や等分除など，除法の意味について理解し，それが用いられる場合について知っている。<br>・除法が用いられる場面を式に表したり，式を読み取ったりすることができる。<br>・除法と乗法や減法との関係について理解している。<br>・除数と商が共に１位数である | ・除法が用いられる場面の数量の関係を，具体物や図式を用いて考えている。<br>・除法は乗法の逆算と捉え，除法の計算の仕方を考えている。<br>・余りのある除法の余りについて，日常生活の場面に応じて考えている。<br>・「日常生活の問題」（単なる文章題ではない。情報過多の問 | ・除法が用いられる場面の数量の関係を，具体物や図などを用いて考えようとしている。<br>・除法が用いられる場面を身の回りから見付け，除法を用いようとしている。（「わり算探し」など） |

| 除法の計算が確実にできる。<br>・割り切れない場合に余りを出すことや，余りは除数より小さいことを知っている。 | 題，算数以外の教科の問題）を，除法を活用して解決している。<br>（いろいろな単元が終わった後に日常生活の中から，もしくは他教科等で，除法を適切に用いて問題解決している） | |
|---|---|---|
| ・簡単な場合について，除数が1位数で商が2位数の除法の計算の仕方を知っている。 | ・簡単な場合について，除数が1位数で商が2位数の除法の計算の仕方を考えている。 | ・自分が考えた除法の計算の仕方について，具体物や図と式とを関連付けて考えようとしている。 |

「具体的な内容のまとまりごとの評価規準」に示されている内容をもとに，三つの単元「わり算」，「余りのあるわり算」，「大きな数のわり算」の内容に合わせて，単元の評価規準を作成する。

### 単元「わり算」の評価規準（例）

| 知識・技能 | 思考・判断・表現 | 主体的に学習に取り組む態度 |
|---|---|---|
| ・包含除や等分除など，除法の意味について理解し，それが用いられる場合について知っている。<br>・除法が用いられる場面を式に表したり，式を読み取ったりすることができる。<br>・除法と乗法や減法との関係について理解している。<br>・除数と商が共に1位数である除法の計算が確実にできる。 | ・除法が用いられる場面の数量の関係を，具体物や図などを用いて考えている。<br>・除法は乗法の逆算と捉え，除法の計算の仕方を考えている。 | ・除法が用いられる場面の数量の関係を，具体物や図などを用いて考えようとしている。<br>・除法が用いられる場面を身の回りから見付け，除法を用いようとしている。（「わり算探し」など） |

### 単元「余りのあるわり算」の評価規準（例）

| 知識・技能 | 思考・判断・表現 | 主体的に学習に取り組む態度 |
|---|---|---|
| ・包含除や等分除など，除法の意味について理解し，それが用いられる場合について知っている。<br>・除数と商が共に1位数である除法の計算が確実にできる。<br>・割り切れない場合に余りを出 | ・除法が用いられる場面の数量の関係を，具体物や図などを用いて考えている。<br>・余りのある除法の余りについて，日常生活の場面に応じて考えている。 | ・除法が用いられる場面の数量の関係を，具体物や図などを用いて考えようとしている。<br>・除法が用いられる場面を身の回りから見付け，除法を用いようとしている。（「わり算探し」など） |

| | |
|---|---|
| すことや，余りは除数より小さいことを知っている。 | |

## 単元「大きな数のわり算」の評価規準（例）

| 知識・技能 | 思考・判断・表現 | 主体的に学習に取り組む態度 |
|---|---|---|
| ・包含除や等分除など，除法の意味について理解し，それが用いられる場合について知っている。<br>・簡単な場合について，除数が1位数で商が2位数の除法の計算の仕方を知っている。 | ・除法が用いられる場面の数量の関係を，具体物や図などを用いて考えている。<br>・簡単な場合について，除数が1位数で商が2位数の除法の計算の仕方を考えている。 | ・自分が考えた除法の計算の仕方について，具体物や図と式とを関連付け，よりよい表現にしていこうとしている。 |

## 第2章　学習評価に関する事例について

### 1　事例の特徴

第1編第1章2（4）で述べた学習評価の改善の基本的な方向性を踏まえつつ，平成29年改訂学習指導要領の趣旨・内容の徹底に資する評価の事例を示すことができるよう，本参考資料における事例は，原則として以下のような方針を踏まえたものとしている。

○　**単元に応じた評価規準の設定から評価の総括までとともに，児童の学習改善及び教師の指導改善までの一連の流れを示している**

本参考資料で提示する事例は，いずれも，単元の評価規準の設定から評価の総括までとともに，評価結果を児童の学習改善や教師の指導改善に生かすまでの一連の学習評価の流れを念頭においたものである（事例の一つは，この一連の流れを特に詳細に示している）。なお，観点別の学習状況の評価については，「おおむね満足できる」状況，「十分満足できる」状況，「努力を要する」状況と判断した児童の具体的な状況の例などを示している。「十分満足できる」状況という評価になるのは，児童が実現している学習の状況が質的な高まりや深まりをもっていると判断されるときである。

○　**観点別の学習状況について評価する時期や場面の精選について示している**

報告や改善等通知では，学習評価については，日々の授業の中で児童の学習状況を適宜把握して指導の改善に生かすことに重点を置くことが重要であり，観点別の学習状況についての評価は，毎回の授業ではなく原則として単元や題材など内容や時間のまとまりごとに，それぞれの実現状況を把握できる段階で行うなど，その場面を精選することが重要であることが示された。このため，観点別の学習状況について評価する時期や場面の精選について，「指導と評価の計画」の中で，具体的に示している。

○　**評価方法の工夫を示している**

児童の反応やノート，ワークシート，作品等の評価資料をどのように活用したかなど，評価方法の多様な工夫について示している。

## 2 各事例概要一覧と事例

事例1 キーワード　指導と評価の計画から評価の総括まで
「余りのあるわり算」（第3学年「A　数と計算」）

　第3学年「A　数と計算」(4)「除法」の中の単元「余りのあるわり算」を例として，指導と評価の計画の作成や，指導と評価の進め方，評価の総括の仕方について解説する。「知識・技能」，「思考・判断・表現」，「主体的に学習に取り組む態度」の三つの観点について，バランスよく評価することと，教師が児童を評価し，指導の改善に生かしたり，記録をもとに総括したりすることに対して，負担が重くならないように配慮して作成した計画を示している。また，単元における評価の総括を行う具体例を示している。

事例2 キーワード　「思考・判断・表現」の評価
「分数のわり算」（第6学年「A　数と計算」）

　第6学年「A　数と計算」(1)「分数の乗法と除法」の中の単元「分数のわり算」を例として，「思考・判断・表現」の観点について指導と評価の進め方について解説する。単元「分数のわり算」の中で，「分数のわり算の計算の仕方を考えている」という，「思考・判断・表現」を重点的に評価する時間（第2時と第3時）について，評価場面や評価方法を示し，さらに，実際に児童の書いた具体的な例を示している。

事例3 キーワード　「主体的に学習に取り組む態度」の評価
「四角形と三角形の面積」（第5学年「B　図形」）

　第5学年「B　図形」(3)「平面図形の面積」の単元「四角形と三角形の面積」を例として，「主体的に学習に取り組む態度」の観点について指導と評価の進め方について解説する。単元「四角形と三角形の面積」の中で，「台形の面積を求めようとしている」という「主体的に学習に取り組む態度」を重点的に評価する時間（第7時）と「ひし形の面積の公式を考えようとしている」という「主体的に学習に取り組む態度」を重点的に評価する時間（第9時）について，評価場面や評価方法を示し，さらに，実際に児童の書いた具体的な例を示している。また，「思考・判断・表現」と「主体的に学習に取り組む態度」の二つの評価の関係についても示している。

事例4 キーワード　「D　データの活用」の評価
「表と棒グラフ」（第3学年「D　データの活用」）

　第3学年「D　データの活用」(1)「表と棒グラフ」の単元「表と棒グラフ」を例として，指導と評価の計画の作成や，指導と評価の進め方について解説する。特に，「データをどのように整理すればよいか観点について考えている」という「思考・判断・表現」を重点的に評価する時間（第2時）と，「統計的な問題解決のよさに気付き，活用しようとしている」という「主体的に学習に取り組む態度」を重点的に評価する時間（第8〜10時）について，評価場面や評価方法を示し，さらに，実際に児童の書いた具体的な例を示している。

算数科　　事例1

キーワード　指導と評価の計画から評価の総括まで

| 単元名 | 内容のまとまり |
|---|---|
| 余りのあるわり算 | 第3学年「A　数と計算」（4）「除法」 |

## 1　単元の目標

（1）割り切れない場合の除法の意味や余りについて理解し，それが用いられる場合について知り，その計算が確実にできる。

（2）割り切れない場合の除法の計算の意味や計算の仕方を考えたり，割り切れない場合の除法を日常生活に生かしたりすることができる。

（3）割り切れない場合の除法に進んで関わり，数学的に表現・処理したことを振り返り，数理的な処理のよさに気付き生活や学習に活用しようとしている。

## 2　単元の評価規準

| 知識・技能 | 思考・判断・表現 | 主体的に学習に取り組む態度 |
|---|---|---|
| ①包含除や等分除など，除法の意味について理解し，それが用いられる場合について知っている。<br>②除数と商が共に1位数である除法の計算が確実にできる。<br>③割り切れない場合に余りを出すことや，余りは除数より小さいことを知っている。 | ①除法が用いられる場面の数量の関係を，具体物や図などを用いて考えている。<br>②余りのある除法の余りについて，日常生活の場面に応じて考えている。 | ①除法が用いられる場面の数量の関係を考え，具体物や図などを用いて考えようとしている。<br>②除法が用いられる場面を身の回りから見付け，除法を用いようとしている。（「わり算探し」など） |

## 3　指導と評価の計画（10時間）

　観点別学習状況を記録に残す場面等を精選するためには，単元のまとまりの中で適切に評価を実施できるよう，指導と評価の計画を立てる段階から，計画的に場面や方法等を考えておくことが重要である。算数科においては，単元の中のどの時間を評価を行う機会に位置付け，その授業時間の中のどの場面において評価を行うのかという評価場面の精選と，その評価資料をどんな方法で収集するかという適切な評価方法の選択について十分に考える必要があることから，参考となるような指導と評価の計画を以下のとおり作成した。

　なお，日々の授業の中で児童の学習状況を適宜把握して指導の改善に生かすことが重要であるため，児童の学習状況を記録に残す場面以外においても，教師が児童の学習状況を確認する必要がある。

（1）算数科における単元の指導と評価の計画の作成

① ねらいに応じた評価項目の精選と，記録に残す評価場面の精選

　算数科における学習評価に当たっては，毎時間で全ての児童に対して三つの観点全てについて評価のための情報を収集することは現実的ではないため，実際には，単元の目標を分析して，各時間のねらいにふさわしい１～２観点に評価項目を精選する必要がある。

　また，単元を通して繰り返し出てくる評価の内容については，学級全員の児童の学習状況を毎回記録に残すことは大変である。そこで，主に「努力を要する」状況と考えられる児童の学習状況を確認し，その後の指導に生かすために評価する機会と，学級全員の児童の学習状況について，総括の資料にするために記録に残す評価を行う機会とを区別することとした。下記に示す「指導と評価の計画」においては，指導に生かす評価を行う代表的な機会については「・」を，その中で特に学級全員の児童の学習状況について，総括の資料にするために記録に残す評価を行う機会には「○」を付けて，各々の観点の評価を行う機会を示している。

② 観点に応じた適切な評価方法の選択と，各時間における評価場面の精選

　算数科における評価方法について，「知識・技能」の評価に適する方法としては，児童の活動の様子やノート等の記述内容の観察，ペーパーテストによる方法があり，「思考・判断・表現」及び「主体的に学習に取り組む態度」の評価に適する方法としては，児童の活動の様子やノート等の記述内容の観察などによる方法がある。

　各時間における評価については，１時間の授業の中のどの場面（評価場面）で，どんな児童の姿が見られれば，「おおむね満足できる」状況と評価するのか，また，その評価資料をどんな方法（評価方法）で収集するのかを計画しておくことが重要である。

③ 観点に応じた適切な「指導と評価の計画」の作成

　「知識・技能」については，「○」の評価を行う機会を単元末に設定することが考えられる。なぜなら，算数科における知識は単元を通して繰り返し使う中で，定着し理解が深まり，技能も繰り返し使うことで習熟し，生きて働く確かなものとなっていくからである。

　しかし，単元末のみで評価するのではなく，毎時間の机間指導などにおいて，個人解決時におけるノートの記述内容や，適用問題も交えながら児童の学習状況を把握し，特に「努力を要する」状況と考えられる児童には確実に習得できるように指導し，個々の児童の指導の補完を行うことが大切である。

　「思考・判断・表現」については，授業中の問題発見や解決の過程において，児童が発揮するものであるので，授業中の発言や話合いなどの活動の様子と，個人解決時の問題解決の様子，適用問題や活用問題の解決の様子や学習感想などの振り返りといったノート等の記述内容から評価の情報を収集することが望ましい。その記述内容が学習内容ごとに「おおむね満足できる」状況であるかなどを，それぞれ判断していくことが重要である。また，新たな問いに気付いたり，発展的・統合的に見て数学的なよさに気付いたりすることは，児童の発言といった形で表出されることが多い。このような「思考・判断・表現」において「十分満足できる」状況と判断されるときは，日々の授業における指導者の観察記録に頼ることになる。そこで，「思考・判断・表現」については，単元末ではなく，単元の評価規準の①や②の評価内容ごとに，授業中の問題発見や解決の時間において，主として「○」の評価を行う機会を設定することが考えられる。

「主体的に学習に取り組む態度」については，授業中の問題発見や解決の過程において，既習事項を活用したり，話合いの中で他者の意見を参考にしたりする姿等に表れたり，振り返ってよりよい表現や方法を考えたり，新たな問題場面を見いだしたり，日常生活の場面において活用しようとしたりする姿等に表れたりする。そこで，活動の様子やノート等の記述内容から評価の情報を収集することが考えられる。

また，「思考・判断・表現」と「主体的に学習に取り組む態度」は，単元を通して働かせた数学的な見方・考え方が豊かになるという算数科の特性から，単元前半から後半にかけて高まることが考えられる。以上のような理由から，この事例では，単元の後半に「〇」の評価を行う機会を設定している。

| 時間 | ねらい・学習活動 | 評価規準（評価方法） | | |
|---|---|---|---|---|
| | | 知識・技能 | 思考・判断・表現 | 主体的に学習に取り組む態度 |
| 1・2 | 余りがある場合でも除法を用いてよいことや，答えの見つけ方を具体物や図などを用いて考える。 | | ・思①（行動観察，ノート分析） | ・態①（行動観察，ノート分析） |
| 3 | 余りがある場合の除法の式の表し方や，余りなど用語の意味を知る。　余りと除数の関係を理解する。　・余りと除数の関係を調べる。 | ・知①（ノート分析）　・知③（ノート分析） | | |
| 4 | 等分除の場面についても余りがある場合の除法が適用できるかを考える。　・等分除の場面で，答えの見つけ方を考える。 | | 〇思①（行動観察，ノート分析） | |
| 5 | 余りがある場合の除法計算について，答えの確かめ方を知る。 | ・知②（ノート分析） | | |
| 6・7 | 日常生活の場面に当てはめたときに，商と余りをどのように解釈すればよいかを考える。　・商に1を加える場合や加えない場合について，それぞれ考える。 | | ・思②（行動観察，ノート分析） | 〇態①（ノート分析） |
| 8 | 学習内容の定着を確認し，理解を確実にする。（章末問題） | ・知①②③（ノート分析） | | |
| 9 | 学習内容の定着を確認する。（評価テスト） | 〇知①②③（ペーパーテスト） | 〇思②（ペーパーテスト） | |
| 10 | 学習内容を適用して除法の問題を考えたり，解決し合ったりする。 | | | 〇態②（ノート分析） |

＊評価の観点の略称は以下の通り。

知識・技能…「知」　　思考・判断・表現…「思」　　主体的に学習に取り組む態度…「態」
＊評価方法については以下の通り。
　　行動観察：机間指導等を通じて捉えた児童の活動の様子，話合い時の児童の発言，ノートの
　　　　　　　記述内容などの観察に基づいて評価する。
　　ノート分析：授業後に児童のノートやワークシートなどを回収し評価する。
　　ペーパーテスト：単元で学習した知識・技能などの内容が定着しているかを評価する。

## 4　観点別学習状況の評価の進め方

### （1）「余りのあるわり算」の単元の指導と評価の計画の作成

　「余りのあるわり算」の学習に入るまでに，第3学年で除法について学習し，包含除や等分除とい
った除法の意味やそれが適用される場面について考察してきている。本単元では，除法には割り切れ
ない場合があり，その場合には余りを出すことを理解し，確実に計算できるようにする。また，余り
の大きさや計算の確かめの仕方，余りの意味について考え，日常生活に除法を用いようとする態度を
育てる。

　本単元の評価方法としては，主に授業中に行うことのできる方法として，余りのある除法の意味
や計算の仕方を考える学習活動（ブロック操作【図1】やノートの記述内容【図2】）の観察，児童
の話合いの様子【図3】や発表の様子，更に互いの発表について発言する様子の観察などを行う。
また，主に授業後に行うことのできる方法として，ノート等の記述内容の分析，適用問題の解決状
況の分析などを用いる。

【図1】ブロック操作

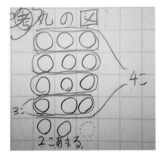

【図2】ノートの記述内容

【図3】児童の話合いの様子

　本単元では，第1時から第3時は余りのある除法の意味について考え，第4時ではそれらの総括
的な学習を行う。そこで，「思考・判断・表現」①について，第3時までを「・」，第4時を「○」
の評価を行う機会とする。

　また，第5時までに，具体物や図などを用いて除法の意味を考える学習をしてきている。第6・
7時では，それまでの学習を基に，余りの処理について，児童が主体的に具体物や図などを用いて
考えることが期待される。そこで，「主体的に学習に取り組む態度」①について，第5時までを「・」，
第6・7時を「○」の評価を行う機会とする。ここでは，第6・7時の両方を記録を残す評価の機
会とするのではなく，児童の学習状況に合わせてどちらか一方の授業で全ての児童について評価の
ための情報を収集する。

　さらに，第8時，第9時は単元の学習のまとめの段階であるため，「知識・技能」の全ての観点に
ついて，第8時を「・」，第9時を「○」の評価を行う機会とする。単元のまとめの段階で，児童が
学習した内容が定着している状況にあることを確認することが重要だからである。

なお，「努力を要する」状況と判断された児童がその後の学習により「お
おむね満足できる」状況となっている場合，それまでの評価を見直し，修
正する必要がある。また，単元でのそれまでの学習の過程において，評価
の記録が十分に取れていない場合，児童の学習状況を改めて確認するなど
して，単元における評価の記録の補充をすることが望ましい。

その上で第10時には，除法を用いようとする態度を育むために，除法が
用いられる場面を身の回りから見付ける活動などに取り組む。具体的には，
「主体的に学習に取り組む態度」②について，算数日記【図４】などで把
握することで，「○」の評価を行う機会としている。

【図４】算数日記

### （２）指導に生かす評価の計画

指導と評価の計画の中で，指導に生かす評価の機会については，「・」で示している。学習内容を
確実に習得できるようにするために，単元を通して適宜行うことが大切である。この事例では，次
のように考えられる。第１時から第３時までは「思考・判断・表現」①「除法が用いられる場面の
数量の関係を考え，具体物や図などを用いて表現している」ことを評価する時間と位置付けている。
評価方法としては，児童の活動の様子やノートの記述内容を観察することである。観察による評価
を行う場合，児童が何ができていればよいのかを具体的に前もって想定しておく必要がある。例え
ば，この場面では，「余りがある場合の除法について，ブロックを操作したり，図や式に表したもの
を指し示したりしながら，自分の言葉や式，図，具体物を用いて筋道立てて発表したり，友達に説
明したりしている」ことなどである。

単元の学習を通して，全ての児童がそのような考えや表現をできるようになるために，「努力を要
する」状況と考えられる児童に対する指導の手立てを計画しておく必要がある。例えば，既習の12
÷３のような割り切れる除法の場合のブロックの操作の方法を想起させたり，○などの図を用いて
場面を表すように支援したりすることである。

### （３）記録に残す評価の計画（観点別学習状況の評価の進め方）

#### ア　「知識・技能」の評価

本単元では，第９時の学習のまとめで「知識・技能」の観点について「○」の評価を行う機会と
している。「知識・技能」の評価は，「思考・判断・表現」や「主体的に学習に取り組む態度」の評
価に比べ，単元末におけるテストになじみやすいからである。

ただし，テストのみで評価するのではなく，毎時間の机間指導などにおいて児童の学習状況を把
握し，ノートの記述や適用問題からの情報も得ながら，「知識・技能」としての評価の妥当性を確保
することが望ましい。その上で，計算の習熟具合や立式の確実性などから，学校ごとに，児童の実
態によって数値的な基準を設け，評価を進めることが大切である。

#### イ　「思考・判断・表現」の評価

「思考・判断・表現」の評価は，①や②の評価内容ごとに「○」の評価を行う機会を設定する。
本単元では，第４時で①を，第９時で②を「○」の評価を行う機会としている。それぞれの評価を
行う機会を独立したものと捉えるのではなく，関連させて評価することが重要である。

第４時では，余りのある除法の意味や計算の仕方について，ブロックを操作して考える。この時
間の指導のねらいを「等分除の場面についても余りがある場合の除法が適用できるかを考える」と

している。自力解決の場面（評価場面）でブロックを操作しながら余りがある場合の除法について考えている学習活動の様子【図1】や，ノートの記述内容【図2】（評価方法）などから評価する。

　具体的には「等分除の場面でも余りがある場合の除法が適用できることを，ブロックや図を用いて表現している」場合は「おおむね満足できる」状況と評価とし，「包含除との違いを明らかにしながら，余りがある場合の除法が適用できることを説明している」記述が見られたり，「相手の説明が妥当かどうかを考えながら発言している」様子が見られたりするなどした場合は「十分満足できる」状況と評価とする。また，自力で解決したことを発表した後，互いの発表をもとに類似点を見いだした記述が，振り返りや学習感想などに見られた場合も「十分満足できる」状況と評価する。

　その上で，そのような学習状況やノートの記述がない「努力を要する」状況と考えられる児童に対して，どのような指導が必要かを想定しておくことが重要である。第4時では，自力解決の場面で児童の解決状況に応じて，ブロックを使って解決してもよい環境をつくり，「はじめの数は幾つですか。」，「一人分は幾つですか。」，「余りと割る数には，どのような関係がありますか。」と助言しながらブロックを操作させるなどの指導の手立てを計画しておくことが重要である。また，解決方法をノートに記述することが難しかった児童には，互いの考え方を交流する時間の中で，納得した解決方法をノートに書かせた上で，その方法を模倣したり，それらを生かしたりして適用問題を自力で解決することができていれば「おおむね満足できる」状況と評価する。

　また，「思考・判断・表現」の評価のための情報を単元末のペーパーテストで収集する際には注意が必要である。演算一回で答えが出るような文章問題について，式が立てられているだけなら通常「知識・技能」で評価する。その演算の意味が理解できていると判断できるからである。問題の内容に応じて，「知識・技能」で評価すべきか，「思考・判断・表現」で評価すべきかを吟味する必要がある。本単元のように，「知識・技能」をもとに，余りの処理を判断するといった学習内容であれば，ペーパーテストを用いて「思考・判断・表現」を評価することもできる。

　例えば，【図5】のようなペーパーテストを用いた場合，問題1について，式が立てられたら，「知識・技能」①「包含除や等分除など，除法の意味について理解し，それが用いられる場合について知っている」について「おおむね満足できる」状況と評価する。また，問題2で，余りを考慮して答えを求め，さらに，「答えの理由」として，「余りの2人も車に乗るから，もう1台必要」などと記述していれば，「思考・判断・表現」②「余りのある除法の余りについて，日常生活の場面に応じて考えている」について「おおむね満足できる」状況と評価することができる。「思考・判断・表現」の評価については，ペーパーテストだけでなく，あくまで授業中の問題発見や解決の過程において記録された情報をもとに評価することが望ましい。

> **問題1**
> 　27mのなわを4mずつ切って，なわとびのなわをつくります。
> 　何本とれて何mあまりますか。
> （式）
> 　　　　　　　　（答え）
>
> **問題2**
> 　子どもが30人います。4人乗りの車に分かれて乗ります。
> 　みんなが乗るには，車は何台あればよいですか。
> 　答えの理由も書きなさい。
> （式）
> 　　　　　　　　（答え）
> （答えの理由）

【図5】ペーパーテスト

　単元を通して習得した「知識・技能」を用いて解決できるのか，更にそれらをもとに「思考・判断・表現」を用いて解決しているのかを見極め，評価に生かすことが重要である。

### ウ　「主体的に学習に取り組む態度」の評価

先述した通り「主体的に学習に取り組む態度」は，数学的な見方・考え方を，単元を通して繰り返し働かせていくという算数科の学習の特性から，単元前半から後半にかけて高まることが考えられる。そこで，本単元では，指導と評価の計画を作成するに当たって，単元の後半に「〇」の評価を行う機会として設定している。具体的には，第6・7時の余りの処理について，ブロックや図などを用いて考える学習，第10時の身の回りから余りのある除法を見いだす学習を「主体的に学習に取り組む態度」の「〇」の評価を行う機会としている。

第6・7時の余りの処理について考える学習では，「除法を活用して，被除数と除数の関係を考え，ブロックを操作したり図に表したりしながら，言葉や図，式を使って筋道立てて考えようとしている」場合は「おおむね満足できる」状況と評価する。ここでは，自力解決の場面（評価場面）でブロックを操作しながら余りがある場合の除法について考えている学習活動の様子を観察したり，個人解決のノートの記述内容を分析したり（評価方法）する。また，その際，第6時から第7時にかけて，「よりよい考えや表現に書き換えようとしていたり，他者と比較して自分や他者の見方・考え方のよさに気付いていたり，相手に応じて分かりやすく説明しようとしたりしている」などの場合は，「十分満足できる」状況と評価する。

例えば，【図6】の児童は，第6時から第7時にかけて〇図の表し方が乗法的なものへと洗練されている。互いに解決方法を伝え合う中で，他者の表現のよさに気付き，よりよいものへと高めていることが分かる。さらに，相手に応じて分かりやすく説明するために，言葉や式を書き加えながら整理している記述も見られ，「十分満足できる」状況と評価する。

第6時 　　第7時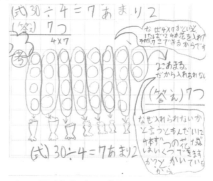

**【図6】図の表し方が洗練されたノートの記述内容の例**

なお，「主体的に学習に取り組む態度」の評価に当たっては，学習活動における状況の把握に工夫が必要である。例えば，チェックリストや座席表などを用意し，評価資料として児童の反応を書き込めるようにしておくことなどが考えられる。「主体的に学習に取り組む態度」の評価においても，先に述べた「思考・判断・表現」の評価においても，学習活動における状況を簡潔に記録しておくことで，単元末の評価に活用することができる。

### （4）指導に生かす評価と記録に残す評価の関係，評価の補完

指導と評価の計画に沿って評価を進めていくことが基本であるが，それだけにとどまらず，評価の補完をすることも大切である。

例えば，後述する【表1】のD児は，第4時において，余りのある除法の計算の仕方について，除法の学習をもとに，ブロックを操作しながら考えようとする様子は見られるが，包含除と等分除を混同している様子が見られたため，「思考・判断・表現」の観点を「努力を要する」状況であると

評価し「C」と記録していた。しかし，第5時，第6時で，D児の自力解決の様子をノートの記述内容をもとに確認したところ，題意を捉えて，包含除の図を表すことができていたため，第4時の「思考・判断・表現」の観点について，「おおむね満足できる」状況と判断し「B」と修正した。さらに，第9時のペーパーテストをもとに，最終的な学習状況を確認した。

このように，各時間における観点別の評価を進めるに当たっては，それぞれの時間のねらいに照らしながら，ある観点について重点的に評価したり，補充的に評価したりすることが重要である。また，ある観点についての各児童の状況が，指導を進めるにつれて変化していく様子を捉えることも重要である。

## 5　観点別学習状況の評価の総括

観点別学習状況の評価の総括については，単元ごとに総括したのち学期ごとに総括しても，幾つかの単元をまとめて一括して学期ごとに総括しても，いずれでもよい。ここでは単元末に総括する方法を示す。

単元末における観点別学習状況の評価の総括としてはいろいろな考え方があるが，ここでは，基本的には単元全体を通して，それぞれの観点についての記録について，「A」が半分を超えていれば，「十分満足できる」状況と総括し，「C」が半分を超えていれば，「努力を要する」状況と総括し，どちらも該当しない場合は，「おおむね満足できる」状況と総括することとした。ただし，単元後半に高まりを示すことが予想される観点を総括する場合や，単元の学習内容のまとめとしている状況の評価を含めて総括する場合には，そのことを考慮して総括することが適切である。例えば，各時間の観点別学習状況の評価の「A」と「B」の数が全く同じであっても，単元前半から単元後半の高まりを考慮して，「A」と総括する場合もある。

次に，総括の例を挙げる。次頁の【表1】は，本単元の各時間において，D児とE児の評価の資料を一つの表にまとめたものである。本単元における観点別学習状況の評価の総括は，表の一番右に示している。

D児については，「知識・技能」の観点についてペーパーテストでの評価で判断して「おおむね満足できる」状況（B）と総括した。また，「思考・判断・表現」の観点について，第4時の「C」が第6時で「B」になり，「B」が二つなので「おおむね満足できる」状況（B）と総括した。総括的評価は，あくまでも記録に残す評価「○」をもとに判断する。しかし，実際に指導を進める上で行ってきた評価を参考にすることもある。そこで，指導に生かす評価をした時間（＊）では「C」の子だけを把握（記録）しておき，その後の変化の様子を捉えることが大切である。ここでは特記事項にそのことを示している。「主体的に学習に取り組む態度」の観点については，「B」が一つ，「C」が一つなので「B」と総括した。

E児については，「知識・技能」の観点について「A」，「思考・判断・表現」の観点について，第7時（＊）の自力解決の段階では正答にたどり着くことができなかったものの，その後の対話的な学びの中から解決方法に気付き，第9時では確実に解決することができていたため，「十分満足できる」状況（A）と総括した。「主体的に学習に取り組む態度」の観点について，「A」が一つで「B」が一つなので「おおむね満足できる」状況（B）と総括した。

単元における観点別学習状況の評価の総括については様々な考え方や方法があり，各学校におい

て工夫することが求められる。

**【表1】各時間の評価と単元末の評価（D児とE児）**

| | 時 | 1 | 2 | 3 | 4 | 5 | 6 | 7 | 8 | 9 | 10 | 児童の様子に関する特記事項 | 単元の評価の総括 |
|---|---|---|---|---|---|---|---|---|---|---|---|---|---|
| D児 | 知 | | | | | | | | | B | | ・余りのある除法の計算が確実にできる。（第9時） | B |
| | 思 | | | ＊ | ⇐ | → | B | | | B | | ・図を使って説明する際に，等分除と包含除を混同しており，指導が必要だった。（第3・4時）<br>・だが，改善された。（第6時） | B |
| | 態 | | | | | | B | | | | C | ・ブロックや図を使って進んで考えようとしていた。（第1時）<br>・日常生活に結び付けることは難しい。（第10時） | B |
| E児 | 知 | | | | | | | | | A | | ・余りのある除法の計算が確実にできる。（第9時） | A |
| | 思 | | | | B | | | ＊ | | A | | ・余りの処理について自力解決の段階では誤答だったものの，対話的な学びの中で気付くことができた。（第7時） | A |
| | 態 | | | | | | | B | | | A | ・日常生活に結び付け，紹介することができた。（第10時） | B |

算数科　　事例2

キーワード　「思考・判断・表現」の評価

| 単元名<br>　分数のわり算 | 内容のまとまり<br>　第6学年「A　数と計算」(1)「分数の乗法及び除法」 |

## 1　単元の目標

(1) 除数が分数の場合の除法の意味について理解しているとともに，その計算ができる。また，分数の除法についても，整数の場合と同じ関係や法則が成り立つことを理解している。

(2) 数の意味と表現，除法に関して成り立つ性質に着目し，分数の除法の計算の仕方を多面的に捉え考えることができる。

(3) 学習したことをもとに，分数の除法の計算の仕方を考えたり，計算の仕方を振り返り多面的に検討したりしようとしている。また，整数や小数の乗法や除法を分数の乗法の計算にまとめることができるよさに気付き，学習に活用しようとしている。

## 2　単元の評価規準

| 知識・技能 | 思考・判断・表現 | 主体的に学習に取り組む態度 |
|---|---|---|
| ①除数が分数である分数の除法の意味について，小数の除法の計算の考え方を基にして，理解している。<br>②分数の除法の計算ができる。<br>③分数の除法について，整数の場合と同じ関係や法則が成り立つことを理解している。 | ①分数の除法について，数の意味と表現をもとにしたり，除法に関して成り立つ性質を用いたりして，計算の仕方を多面的に捉え考えている。<br>②逆数を用いて除法を乗法としてみたり，整数や小数の乗法や除法を分数の場合の計算にまとめたりしている。 | ①学習したことをもとに，分数の除法の計算の仕方を考えたり，計算の仕方を振り返り多面的に捉え検討したりしようとしている。<br>②整数や小数の乗法や除法を分数の場合の計算にまとめることができるよさに気付き，学習に活用しようとしている。 |

## 3　指導と評価の計画（9時間）

| 時間 | ねらい・学習活動 | 評価規準（評価方法） | | |
|---|---|---|---|---|
| | | 知識・技能 | 思考・判断・表現 | 主体的に学習に取り組む態度 |
| 1 | 　除数が分数である場合の除法の意味やその計算の仕方について考える。<br>・問題場面を立式し，立式の理由を説明する。<br>・除数が単位分数である場合の除法の計算の仕方について説明する。 | ○知①（行動観察，ノート分析） | ・思①（行動観察，ノート分析） | |
| 2 | 　除数が分数である場合の除法の計算の仕方につ | | ○思①（行動 | ○態①（行動観 |

- 59 -

| 時 | 学習内容 | 知 | 思 | 態 |
|---|---|---|---|---|
| ・3本時 | いて，多面的に考える。<br>・除数が分数である場合の除法の計算の仕方について説明する。<br>・分数の除法について，整数の場合と同じ関係や法則が成り立つことを理解する。<br>・分数の除法は，除数の逆数をかければよいことが分かる。 | | 観察，ノート分析) | 察，ノート分析) |
| 4 | 除数が分数である場合の計算に習熟する。<br>・(真分数)÷(真分数)の計算に取り組む（計算途中で約分する場合を含む）。<br>・(整数)÷(分数)の計算や帯分数を含む除法の計算について，(真分数)÷(真分数)の計算の仕方をもとに説明する。<br>・3口の分数の乗除混合計算に取り組む。 | ・知②（ノート分析） | | |
| 5 | 1より小さい分数でわると，商は被除数より大きくなることが分かる。<br>・1より小さい分数でわる場合と，1より大きい分数でわる場合の商の大きさと被除数の大きさを比べ，結果についてまとめる。 | ・知①（ノート分析） | | |
| 6 | 問題場面に合わせて演算を考えて立式し，その根拠を説明することができる。<br>・数量の関係を適切に捉え，分数の乗除法の演算決定し，その理由を説明する。 | ・知①（ノート分析） | | |
| 7 | 分数，小数，整数の混じった乗除の計算の仕方について考える。<br>・分数で表すと計算できることを理解し，計算する。 | | ○思②（行動観察・ノート分析） | ○態②（行動観察・ノート分析） |
| 8 | 単元の内容についての定着を確認し，理解を確実にする。<br>・様々な問題に取り組み学習内容を振り返る。<br>・自分の課題を確認する。 | ・知①②③（行動観察，ノート分析） | | |
| 9 | 単元の内容についての定着を確認し，理解を確実にする。<br>・テストを通して学習内容を振り返る。 | ○知①②③（ペーパーテスト） | | |

※指導に生かす評価を行う代表的な機会については「・」を，その中で特に学級全員の児童の学習状況について，総括の資料にするために記録に残す評価を行う機会には「○」を付けている。

### 4　観点別学習状況の評価の進め方

　ここでは，第2・3時における「思考・判断・表現」の指導と評価を中心に述べる。

### （1）第2・3時における展開と評価

① 第2・3時の目標

除数が分数である場合の除法の計算の仕方について，多面的に考える。

② 第2・3時の展開 (二重線以降は第3時を予定)

| 主な学習活動と児童の反応 | 留意点と評価 (＊留意点 ・評価) |
|---|---|
| 1．問題場面を把握し，式を立てる。<br><br>$\frac{3}{4}$dLのペンキで板を$\frac{2}{5}$m²ぬることができました。このペンキ1dLでは，板を何m²ぬることができますか。<br><br>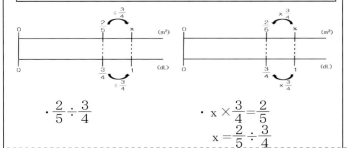<br><br>・$\frac{2}{5}÷\frac{3}{4}$<br><br>・x×$\frac{3}{4}$=$\frac{2}{5}$<br>　x=$\frac{2}{5}÷\frac{3}{4}$ | ＊前時では，「$\frac{1}{4}$dLのペンキで板を$\frac{2}{5}$m²ぬることができました。このペンキ1dLでは，板を何m²ぬることができますか。」という問題に取り組み，除数が単位分数である場合の除法の計算の仕方を考えることに取り組んでいる。問題を把握する際には，前時との違いを確認するとともに，前時をもとにしながら，立式を行い，その理由を共有する。 |
| 2．本時の問題を把握する。<br><br>$\frac{2}{5}÷\frac{3}{4}$の計算の仕方をいろいろな方法で考えよう。<br><br>・前時で，$\frac{2}{5}÷\frac{1}{4}$の計算の仕方を，どのような方法で考えたかを振り返る。<br>　・小数に直す。<br>　・数直線を使う。<br>　・わり算の性質を使う。 | ＊$\frac{2}{5}÷\frac{1}{4}$の計算の仕方をどのように考えたかについて振り返り，$\frac{2}{5}÷\frac{3}{4}$の計算の仕方について見通しをもたせる。 |
| 3．自力解決をする。－計算の仕方を考える－<br><br>・分数を小数に直して　　・単位分数に戻して<br><br>$\frac{2}{5}÷\frac{3}{4}=0.4÷0.75$　　$\frac{2}{5}÷\frac{3}{4}=\frac{2}{5}÷3×4$<br>　　　$=40÷75$　　　　　　$=\frac{2}{5×3}×4$<br>　　　$=\frac{40}{75}$　　　　　　　　$=\frac{2×4}{5×3}$<br>　　　$=\frac{8}{15}$　　　　　　　　$=\frac{8}{15}$<br><br>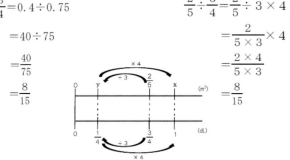<br><br>・わる数，わられる数を整数に　・わる数を1に<br><br>$\frac{2}{5}÷\frac{3}{4}=(\frac{2}{5}×20)÷(\frac{3}{4}×20)$　　$\frac{2}{5}÷\frac{3}{4}=(\frac{2}{5}×\frac{4}{3})÷(\frac{3}{4}×\frac{4}{3})$<br>　　　　$=(2×4)÷(3×5)$　　　　　$=(\frac{2}{5}×\frac{4}{3})÷1$<br>　　　　$=\frac{2×4}{3×5}$　　　　　　　　　$=\frac{2}{5}×\frac{4}{3}$<br>　　　　$=\frac{8}{15}$　　　　　　　　　　$=\frac{2×4}{5×3}$<br>　　　　　　　　　　　　　　　　　$=\frac{8}{15}$ | ＊前時をもとにしながらいろいろな方法で計算の仕方を考え，丁寧に説明していくように促す。<br><br>・態①学習したことをもとに，分数の除法の計算の仕方を考えている。(行動観察，ノート分析)<br><br>・思①分数の除法について，数の意味と表現をもとにしたり，除法に関して成り立つ性質を用いたりして，計算の仕方を多面的に捉え考えている。(行動観察，ノート分析)<br><br>＊考えを進められず悩んでいる児童には，前時のノートを見返すように促し，前時の$\frac{2}{5}÷\frac{1}{4}$の計算の仕方を説明するときにはどのようにしていたか，同じ着想が使えないかと問いかける。 |

| | |
|---|---|
| ・わる数を整数に（誤答）<br>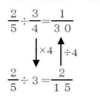<br>$$\frac{2}{5}\div\frac{3}{4}=\frac{1}{30}$$<br>$\downarrow\times4 \quad \uparrow\div4$<br>$$\frac{2}{5}\div3=\frac{2}{15}$$ | ＊左記のように考えた児童に対して，他の方法でも同じ答えになるのかを確かめるように促し，自分で誤りに気付けるようにする。また，考える姿勢を価値付けしつつ，どのように誤りを直したら，正しい考えとなるかを検討させる。 |

| | |
|---|---|
| ４．考えを共有し，検討する。<br>・$\frac{8}{15}$ m²になる。<br>・（分数を小数に直す方法）（小数）÷（小数）ならできるから，$\frac{2}{5}$を0.4，$\frac{3}{4}$を0.75にして，0.4÷0.75を計算すると0.533…になる。<br>・（単位分数に戻して考える方法）前時で，$\frac{1}{4}$dLのときを考えたから，まずは，$\frac{2}{5}$を÷3して，$\frac{1}{4}$dLでぬれる面積を求めて，それを4倍して求める。<br>・（わる数，わられる数を20倍して，整数に直して計算する方法）わる数とわられる数に同じ数をかけても商は変わらないから，わる数，わられる数に分母の最小公倍数の20をかけて，整数にして計算する。 | ＊答えの確認後，計算の仕方に加えて，なぜそのように考えたのかも問い，着想や考えの根拠も共有する。また，必要に応じて，発表を途中で止め，それまでに出された式や図などをもとに，続きをどのように考えたのかを予想させたり，続きをペアで説明させたりする等の活動を取り入れる。それにより，その考えが思いつかなかった児童も，共有を通して出合った考えを自分のものとしながら，多面的に考えていけるようにしていく。<br>＊誤った計算の仕方も取り上げ，どのように直せば，正しい考えとなるのかをクラス全体で検討する。<br>＊「わる数とわられる数に同じ数をかけても商は変わらない」というわり算の性質を用いた考えが出された際，大きな数のわり算や（小数）÷（小数）の際にも，わり算の性質を用いて計算の仕方を考えたことを確認する。 |

| | |
|---|---|
| ５．計算の仕方をまとめたり，まとめた計算の仕方が正しいかを確認したりする。<br>〇それぞれの考えの共通点に着目し，計算の仕方をまとめる。<br>・どれも，今まで習ったことをもとにして考えている。<br>・（分数を小数に直す方法を除いて，）最後の式が，$\frac{2\times4}{5\times3}$になっている。<br>・だから，$\frac{2}{5}\times\frac{4}{3}$となる。<br>〇わる数の逆数をかければよいことが，別の数の場合（例えば$\frac{3}{8}\div\frac{2}{7}$）でも言えるか，$\frac{3}{8}\div\frac{2}{7}$の計算の仕方を多面的に考え，共通点に着目して確かめる。<br>・同じように，$\frac{3}{8}\div\frac{2}{7}$は$\frac{3}{8}\times\frac{7}{2}$になる。 | ＊計算の仕方を比較し，共通点に着目して，計算の仕方を簡潔にまとめる。その後，他の数，例えば$\frac{3}{8}\div\frac{2}{7}$でも同じように，$\frac{3}{8}\div\frac{2}{7}=\frac{3}{8}\times\frac{7}{2}$になるかを確認する。<br>＊「$\frac{2}{5}\div\frac{3}{4}$」の答えを求められたことから次に何ができるのかを考えさせ，「別の数でもできるのか」「別の場面でもできるのか」といった一般化や発展的に考えることを促す。<br>＊当初の問題では多面的に考えることができなかったり，説明ができなかったりしていても，この問題（$\frac{3}{8}\div\frac{2}{7}$）で多面的 |

に考え，着想や根拠の説明をし，過程を記述できることをめあてに取り組むように促す。

・態①学習したことをもとに，分数の除法の計算の仕方を考えたり，計算の仕方を振り返り多面的に捉え検討したりしようとしている。（行動観察，ノート分析）

・思①分数の除法について，数の意味と表現をもとにしたり，除法に関して成り立つ性質を用いたりして，計算の仕方を多面的に捉え考えている。（行動観察，ノート分析）

| | |
|---|---|
| <br><br><br>（分数）÷（分数)の計算は，わる数の逆数をかける。<br><br>$$\frac{b}{a} \div \frac{d}{c} = \frac{b}{a} \times \frac{c}{d}$$<br><br><br> | |
| 6．学習感想を書く。<br>○２時間の学習を振り返り，自分の学びを見つめる。 | ＊２時間の学習を通して何を学んだかを具体的に記述させる。 |

### （2）第2・3時における指導と評価の実際

### ①　計算の仕方を考える学習－「思考・判断・表現」の評価として－

　第2・3時の目標は，「除数が分数である場合の除法の計算の仕方について，多面的に考える。」ことである。そして，主たる評価の観点として，「思考・判断・表現」を挙げ，その評価規準を以下のようにしている。

---

①　分数の除法について，数の意味と表現をもとにしたり，除法に関して成り立つ性質を用いたりして，計算の仕方を多面的に捉え考えている。

---

　合わせて，「主体的に学習に取り組む態度」の評価規準を「学習したことをもとに，分数の除法の計算の仕方を考えたり，計算の仕方を振り返り多面的に捉え検討したりしようとしている」とした。

　このことから，（分数）÷（分数）という新しい計算の仕方について，既習事項をもとに，計算の仕方を考える活動を大切にしていく。

　ここで，計算の仕方を考える際に活用する既習事項として，例えば以下のことが挙げられる。

---

・小数も分数も，数を表す表現形式（小数と分数は，数を表す異なる表現形式）
・（小数）÷（小数），（分数）×（整数），（分数）÷（整数），（分数）×（分数）の計算
・商分数（$a \div b = \frac{a}{b}$）
・除法に関して成り立つ性質（除法では，わる数とわられる数に同じ数をかけても，同じ数でわっても，商は変わらない。）

---

大きな数の除法や小数の除法の計算の仕方を考える際にも，除法に関して成り立つ性質をもとに考えることをしている。本時でも，そうした性質が分数の除法の場合にも成り立つと類推して，考えたり説明したりしていく。また，小数と分数は，同じ数を表す異なる表現であると捉えていれば，小数の除法で成り立っていた性質は，分数の場合も成り立つと考えることができる。

本単元は，小学校算数科において，計算の仕方を考える最後の単元となる。いわば，「数と計算」領域の集大成とも言える。新しい計算の仕方を考える学習は，これまでも繰り返し行ってきており，そこでは，言葉や数，式，図，数直線等を用いて計算の仕方を考え，説明する活動を行っている。

第6学年では，児童は(分数)×(分数)の計算の仕方を考えてきていて，前時においては，除数が単位分数である場合の除法の計算の仕方について考え，説明してきている。こうした学習経験を通して獲得し，高めてきた数学的な見方・考え方を働かせ，(分数)÷(分数)の計算の仕方を，児童自らがそれぞれ多面的に考えていくことが期待される。このような理由から，「思考・判断・表現」の「○」の評価の機会として本時を設定した。

② 児童の学習状況の分析

本時における学習問題は，「$\frac{3}{4}$dLのペンキで板を$\frac{2}{5}$m²ぬることができました。このペンキ1dLでは，板を何m²ぬることができますか。」である。第1時では，ペンキの量が単位分数$\frac{1}{4}$dLである場合について立式し，その根拠として，ペンキの量と塗ることができる面積には比例関係がある（塗ることができる面積は，ペンキの量に比例する）ことから，数直線を用いて説明することに取り組んでいる。

本時では，前時の学習をもとにしながら【図1】のように，数直線を手掛かりにして立式した後，$\frac{2}{5}÷\frac{3}{4}$の計算の仕方を多面的に考えることを通して，分数の除法の計算の仕方をまとめていく。

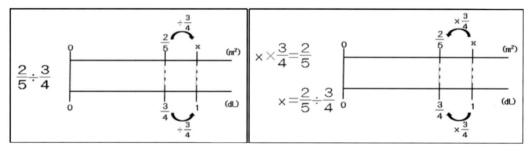

**【図1】数直線を用いた立式**

ア 既習事項を適切に活用することができにくい児童の学習状況

本時の導入（問題場面を把握する場面）では，前時において$\frac{2}{5}÷\frac{1}{4}$の計算の仕方をどのように考えたのかを振り返るとともに，新たな計算（(分数)÷(分数)）の仕方を説明する際には，既習の計算（例えば，(整数)÷(整数)，(小数)÷(小数)，(分数)÷(整数)）に直すとよいことを共有していく。そして，$\frac{2}{5}÷\frac{3}{4}$の計算の仕方をどのように考えたらよいかについて，個々の児童が見通しをもった後，自力解決に入るようにしていく。

それでも，どのように計算の仕方を考えたらよいか，また，そのために，どのように既習事項を活用したらよいかと悩む児童がいる。このような児童には，自力解決中に何らかの支援が必要となる。例えば，「(分数)÷(分数)の式を，今まで学習したわり算の式に直して考えたらいいと思うけれど，どんなわり算の式に直そうか。」と問いかけ，「(整数)÷(整数)」や「(小数)÷(小数)」，「(分数)÷(整数)」のように，直していく式を具体的にイメージさせたり，「前時のノートを見返してみ

よう。どのように考えていたかな？」と問いかけて前時のことを振り返らせたりしながら，$\frac{2}{5} \div \frac{3}{4}$ の計算の仕方を考えていけるように促していきたい。

　また，計算の仕方を一通り書いて活動をやめてしまっている児童もいる。本時の目標は，「除数が分数である場合の除法の計算の仕方について，多面的に考える」ことから，このような学習状況は，「おおむね満足できる」状況とは言えず，何らかの支援が必要となる。やりとりを通して，児童が考えていることや困っていることなどを共有しながら，状況に応じた適切な声かけを行い，児童自らの力で，計算の仕方を多面的に考えられるように関わっていくようにしたい。一通り書いて満足している児童には，例えば，本当にその計算の仕方で導き出した答えは正しいかどうかを問いかけ，それを確かめるために，他の方法でも考えるように促すようにしたい。そして，他の方法を考えようとしているが，思いつかない児童には，ノートをもとに前時を振り返り，自分の考えた計算の仕方が前時のどの考えを使っているのかを確認し，それ以外の考えを用いて，本時の計算の仕方を考えていったらどうかと促すことも考えられる。

**イ　既習事項を適切に活用して多面的に考えている児童の学習状況**

　【図２】のように，これまでの既習事項を活用して，計算の仕方について，複数の方法で考えている学習状況が見られれば，「おおむね満足できる」状況ということができる。

　さらに，【図３】，【図４】のように，計算の仕方を複数の方法で考えた上で，式に対して，どのように考えたか等の説明を加えている学習状況が見られれば，「十分満足できる」状況ということができる。

【図２】「おおむね満足できる」状況の記述例　　　【図３】「十分満足できる」状況の記述例

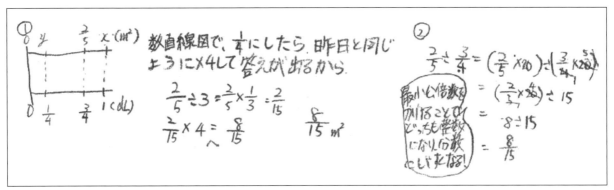

【図４】「十分満足できる」状況の記述例

### ③　ノートによる分析とその指導

　このように，本時の評価を進めていく際には，計算の仕方を複数の方法で考えているかに加え，どのように考えたか等の説明があるかといった視点から，ノートの分析を行っていく。

　例えば，【図３】の記述には，式に加えて，吹き出しで，「わり算のきまり，わる数とわられる

数に同じ数をかけても答えは同じを使って・・・」と，考えた際の根拠が書かれている。また，【図4】の記述には，数直線に加えて，「数直線で，$\frac{1}{4}$にしたら，昨日と同じように×4して答えが出るから」や，式に加えて，「最小公倍数をかけることで，どちらも整数になり，分数にしやすくなる！」といった，計算の仕方を考えた際の着想が書かれている。

　このように，考えの根拠や考えのもとになる着想を書いていく行為は，他者に自分の考えを伝えていくためだけでなく，自分が考えていることや考えたことを立ち止まって見つめ，それでよいのかと吟味し，自分の考えへの理解を深めていくことにつながると考えられる。したがって，そのような姿を価値付けしながら，評価を進めていくようにしたい。

　しかしながら，児童の中には，計算の仕方を式で表現できていても，そのとき用いた着想や式変形の根拠を書くことが苦手な児童もいる。そのような児童には，例えば，「どうして，わる数，わられる数を20倍したのか？」と問うことで，「(整数)÷(整数)にするために」，「わる数とわられる数に同じ数をかけても商は変わらないから」といった着想や根拠を記述するよう促すことが考えられる。例えば，前ページ【図2】の右の式を見ると，「×$\frac{4}{3}$」や「÷1」に下線が引かれている。このような場合には，その理由を問いながら，考えていることを記述させるようなことが考えられる。このようなやりとりを通して，複数の方法で考え，どのように考えたか等の説明を加えることができるようになった場合にも，「十分満足できる」状況ということができる。

### （3）「思考・判断・表現」の評価の工夫

#### ①　評価場面の設定の工夫

　本事例では，評価の場面として，これまで述べてきた$\frac{2}{5}÷\frac{3}{4}$の計算の仕方を考える場面に加え，計算の仕方を共有したのち，$\frac{3}{8}÷\frac{2}{7}$といった別の数値を用いて確認する場面を想定している。

　後半の場面では，$\frac{2}{5}÷\frac{3}{4}$の計算の仕方の学習をもとに，$\frac{3}{8}÷\frac{2}{7}$の計算の仕方を複数の方法で考え，どのように考えたか等の着想や根拠を基に説明させるとともに，「分数の除法の計算は，わる数の逆数をかける」ことに気付くことを期待している。$\frac{2}{5}÷\frac{3}{4}$の計算の仕方を考える場面で「おおむね満足できる」状況と判断した児童も，この場面で「十分満足できる」状況であれば，そのように評価を修正していく。

　このように，別の数でも同じように計算できるのかといった問題意識を基にした数学的活動を通した授業展開にすることで，計算の仕方を考えたり説明したりする態度や力が養われ，児童自身が，学びを通した成長を実感していくことができるようにしたい。

#### ②　行動観察における留意点とノート分析の工夫

　本時を「〇」の評価の場として設定しているが，自力解決の時間は，全児童の記録を残す時間ではなく，本時の目標をもとに，一人一人の学びの様子を見とり，その状況に応じて必要な働きかけをする時間である。したがって，限られた時間の中で，一人一人の様子を把握するとともに，特につまずいている児童については的確な声かけができるように，前もってつまずいている児童の様子を予想して支援の仕方を考えておくことが必要と言える。

　また，授業の中で評価を行う際には，自力解決中に，児童の活動の様子やノートの記述を見ていくことになるが，限られた時間の中では，全員の取り組む様子を観察した上で，ノートの記述を分析して評価を行うことは難しい。このようなことができるためには，書かれている内容がその児童が考えたものか，友達の考えを写したものかの判断をしやすくするためにも，自分の考えと友達の

考えを分けて書くように指導しておくことが欠かせない。その上で，授業終了時にはノートを回収し，記述をもとに，４（２）②で述べた学習状況の分析と照らして評価する。

### ③　「思考・判断・表現」の評価を行う際の留意点

　「思考・判断・表現」の観点について評価する際は，どのように考え，説明するとよいのか，教師が範を示したり，児童の説明について，よいところは褒め，足りないところは付け加えたりすることをした上で，そのようにできているかを評価する。授業の中では，具体物や図，言葉，数，式，表，グラフなどによる表現だけでなく，身振り手振りといった様々な表現方法が用いられる。そのような表現方法を図や言葉，数，式などによる記述として表現できるように指導したり，それを評価し，児童の励みとしたりしていくことが求められる。

算数科　　事例3

キーワード　「主体的に学習に取り組む態度」の評価

| 単元名 | 内容のまとまり |
|---|---|
| 　四角形と三角形の面積 | 第5学年「B　図形」（3）「平面図形の面積」 |

## 1　単元の目標

（1）三角形，平行四辺形，ひし形，台形の面積の計算による求め方について理解し，それらの面積を公式を用いて求めることができる。

（2）図形を構成する要素などに着目して，求積可能な図形に帰着させ，基本図形の面積の求め方を見いだすとともに，その表現を振り返り，簡潔かつ的確な表現に高め，公式として導くことができる。

（3）求積可能な図形に帰着させて考えると面積を求めることができるというよさに気付き，三角形，平行四辺形，ひし形，台形の面積を求めようとしたり，見いだした求積方法や式表現を振り返り，簡潔かつ的確な表現に高めようとしたりしている。

## 2　単元の評価規準

| 知識・技能 | 思考・判断・表現 | 主体的に学習に取り組む態度 |
|---|---|---|
| ①必要な部分の長さを用いることで，三角形，平行四辺形，ひし形，台形の面積は計算によって求めることができることを理解している。<br>②三角形，平行四辺形，ひし形，台形の面積を，公式を用いて求めることができる。 | ①三角形，平行四辺形，ひし形，台形の面積の求め方を，求積可能な図形の面積の求め方を基に考えている。<br>②見いだした求積方法や式表現を振り返り，簡潔かつ的確な表現を見いだしている。 | ①求積可能な図形に帰着させて考えると面積を求めることができるというよさに気付き，三角形，平行四辺形，ひし形，台形の面積を求めようとしている。<br>②見いだした求積方法や式表現を振り返り，簡潔かつ的確な表現に高めようとしている。 |

## 3　指導と評価の計画（10時間）

　本単元は，平行四辺形，三角形，台形，ひし形というように，面積の計算による求め方を繰り返し考えることで，基本図形の面積の求め方を見いだすだけでなく，その表現を振り返り，簡潔かつ的確な表現に高め，公式をつくりだしていく資質・能力の育成を目指す単元である。

　本事例では，平行四辺形や三角形について，等積変形や倍積変形などの多様な求積の方法を徐々に学び，続く台形やひし形の求積では，それまでの学習で豊かになった数学的な見方・考え方を働かせて，より主体的に学習に取り組むことができるようにしていくことを意図して指導と評価の計画を立てた。

本単元の「主体的に学習に取り組む態度」の評価規準は以下の通りである。

---

① 求積可能な図形に帰着させて考えると面積を求めることができるというよさに気付き，三角形，平行四辺形，ひし形，台形の面積を求めようとしている。
② 見いだした求積方法や式表現を振り返り，簡潔かつ的確な表現に高めようとしている。

---

評価規準を二つにしたのは，本単元の学習には，面積を求める過程と公式をつくる過程があり，それに伴って，それぞれの過程における「主体的に学習に取り組む態度」が考えられるからである。

指導と評価の計画では，平行四辺形の面積を求める，平行四辺形の公式をつくる，三角形の面積を求める，三角形の公式をつくる，・・・と①と②が交互になるように計画を立てた。

なお，「主体的に学習に取り組む態度」も，指導によって育まれることに注意が必要である。

①を評価するに当たって前提となる指導は，平行四辺形の求積の場面において，児童が解決した方法を学び合う段階で，既習の図形に帰着させて考えるためには平行四辺形のどこに着目してどのように考えていけばよいのかを共有していくことである。ここでは，第4学年で，L字形のような長方形を組み合わせた図形の面積を学習した際に，既習である長方形や正方形の面積に帰着させて考えたことを振り返ることで，同じことを今回もしていることに気付かせることに留意する。

そのような指導を経ることで，次の三角形の求積の場面では，長方形や正方形，平行四辺形といった既習の求積可能な図形に帰着しようとすることが「主体的に学習に取り組む態度」として発揮されることが期待できるのである。さらに，台形，ひし形と学習を進めるにつれて，既習の面積の求め方を活用して，一通りでなく複数の方法で求めようとする態度も育成したい。

②についても同様である。複数の平行四辺形の面積の求め方を理解した後に，複数の解決方法を比較検討し関連付け価値付けする中で，それぞれの考えは，面積を求めたい図形，ここでは平行四辺形のどの構成要素に着目しているのかという共通点を話し合う。そして，その過程で，平行四辺形の底辺や高さが面積を求める際に必要な要素であることを見いだし，求積方法や式表現を洗練していくと，結局，平行四辺形の面積は（底辺）×（高さ）で求めることができるとまとめられることを指導する。その指導を基に，三角形も同じようなことを行うのである。その結果，台形，ひし形と学ぶ図形が変わったときは，求めた求積方法や式表現を振り返り，簡潔かつ的確な表現として図形の構成要素に着目した言葉の式（公式）をつくろうとする態度が育成されることが期待できるのである。このような指導は，数学的活動を児童自らが遂行していくことにつながっていくと考えられる。

このように，単元当初に指導したことが単元後半で高まっていくことが期待されるため，記録に残す評価については，第7時と第8時，第9時で行うよう計画した。

| 時間 | ねらい・学習活動 | 評価規準（評価方法） | | |
| --- | --- | --- | --- | --- |
| | | 知識・技能 | 思考・判断・表現 | 主体的に学習に取り組む態度 |
| 1 | 平行四辺形の面積の求め方を考え，説明することができる。 | | ・思①（ノート分析，行動観 | ・態①（ノート分析，行動観 |

| | | | | |
|---|---|---|---|---|
| | | 察） | 察） | ・態②ノート分析，行動観察） |
| 2 | 平行四辺形の面積の公式をつくり出し，それを適用して面積を求めることができる。 | ・知②（ノート分析，行動観察） | ・思②（ノート分析，行動観察） | |
| 3 | 高さが平行四辺形の外にある場合でも，平行四辺形の面積の公式を適用できることを理解する。<br>どんな平行四辺形でも，底辺の長さと高さが等しければ，面積は等しくなることを理解する。 | ・知①（ノート分析，行動観察） | ・思①（ノート分析，行動観察） | |
| 4 | 三角形の面積の求め方を考え，説明することができる。 | | ・思①（ノート分析，行動観察） | |
| 5 | 三角形の面積を求める公式をつくり出し，それを適用して面積を求めることができる。 | ・知②（ノート分析） | ・思②（ノート分析，行動観察） | |
| 6 | 高さが三角形の外にある場合でも，三角形の面積の公式を適用できることを理解する。<br>どんな三角形でも，底辺の長さと高さが等しければ，面積は等しくなることを理解する。 | ・知①（ノート分析，行動観察） | ・思①（ノート分析，行動観察） | |
| 7 | 台形の面積の求め方を考え，説明することができる。 | | ○思①（ノート分析，行動観察） | ○態①（ノート分析，行動観察） |
| 8 | 台形の面積を求める公式をつくり出し，それを適用して面積を求めることができる。 | ・知②（ノート分析，行動観察） | ○思②（ノート分析，行動観察） | ○態②（ノート分析，行動観察） |
| 9 | ひし形の面積の求め方を考え，説明することができる。<br>ひし形の面積を求める公式をつくり出し，それを適用して面積を求めることができる。 | ・知①②（ノート分析，行動観察） | ・思①②（ノート分析，行動観察） | ○態②（ノート分析，行動観察） |
| 10 | 学習内容の定着を確認する。（評価テスト） | ○知①②（ペーパーテスト） | | |

※指導に生かす評価を行う代表的な機会については「・」を，その中で特に学級全員の児童の学習状況について，総括の資料にするために記録に残す評価を行う機会には「○」を付けている。

## 4 「主体的に学習に取り組む態度」の評価の進め方
### （1）「主体的に学習に取り組む態度」と「思考・判断・表現」の評価の関係

本単元での「主体的に学習に取り組む態度」の評価規準は，「思考・判断・表現」の評価規準と密接に関わっている。このことを【表1】に示した。

第3編
事例3

例えば，「思考・判断・表現」②「見いだした求積方法や式表現を振り返り，簡潔かつ的確な表現を見いだしている。」と，「主体的に学習に取り組む態度」②「見いだした求積方法や式表現を振り返り，簡潔かつ的確な表現に高めようとしている。」は対応したものとなっている。それぞれの観点の評価について，以下のように整理する。

　「思考・判断・表現」②では，求積方法やその式表現を振り返り，面積を求めたい図形の構成要素に着目して言葉の式をつくることができていれば，「おおむね満足できる」状況と評価する。さらに，複数の求積方法で言葉の式をつくったり，さらなる一般化を図ったり，複数の式表現を関連付けて考えたりできていれば「十分満足できる」状況と評価する。

　一方，「主体的に学習に取り組む態度」②では，「工夫して面積を求めて公式をつくろう」という学習の目標をもち，それを意識しながら求積方法やその式表現を振り返り，面積を求めたい図形の構成要素に着目して言葉の式をつくろうとしていれば，「おおむね満足できる」状況と評価する。さらに，「一つの方法ではこうなったけれど，別の方法で求めても同じ式が導かれるのかな。」「これまでにつくってきた公式を関連付けることはできないかな。」などと自己の学習を振り返り，よりよいものを求めて取り組もうとしている姿が見られれば，「十分満足できる」状況と評価する。

　つまり，公式をつくろうと構成要素に着目して式表現を振り返るなどしている姿を捉えて「主体的に学習に取り組む態度」という観点から評価し，実際に公式をつくることができた姿を捉えて「思考・判断・表現」という観点から評価するのである。

**【表1】本単元における「思考・判断・表現」と「主体的に学習に取り組む態度」の評価の関係**

| | 思考・判断・表現 | 主体的に学習に取り組む態度 | 思考・判断・表現 | 主体的に学習に取り組む態度 |
|---|---|---|---|---|
| 評価規準 | ①三角形，平行四辺形，ひし形，台形の面積の求め方を，求積可能な図形の面積の求め方を基に考えている。 | ①求積可能な図形に帰着させて考えると面積を求めることができるというよさに気付き，三角形，平行四辺形，ひし形，台形の面積を求めようとしている。 | ②見いだした求積方法や式表現を振り返り，簡潔かつ的確な表現を見いだしている。 | ②見いだした求積方法や式表現を振り返り，簡潔かつ的確な表現に高めようとしている。 |
| 「おおむね満足できる」状況 | 既習の求積可能な図形に帰着させて，面積を求めている。 | 既習の求積可能な図形に帰着させて，面積を求めようとしている。 | 求積方法やその式表現を振り返り，面積を求めたい図形の構成要素に着目して言葉の式をつくっている。 | 求積方法やその式表現を振り返り，面積を求めたい図形の構成要素に着目して言葉の式をつくろうとしている。 |
| 「十分満足できる」状況 | 複数の方法で，既習の求積可能な図形に帰着させて，面積を求めている。 | 複数の方法で，既習の求積可能な図形に帰着させて，面積を求めようとしている。 | 複数の求積方法やその式表現を振り返り，面積を求めたい図形の構成要素に着目して言葉の式をつくっている。 | 複数の求積方法やその式表現を振り返り，面積を求めたい図形の構成要素に着目して言葉の式をつくろうとしている。 |

## （2）第7時における「主体的に学習に取り組む態度」の指導と評価

### ① 第7時の目標

　　台形の面積の求め方を考え，説明することができる。

### ② 第7時の展開

| 主な学習活動と児童の反応 | 留意点と評価（＊留意点・評価） |
|---|---|
| 1．問題場面を把握する。<br><br>　　図のような台形の面積を求めましょう。<br>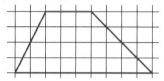<br><br>2．自力解決する。<br>　・解決①<br>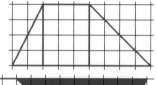<br>　・解決②<br>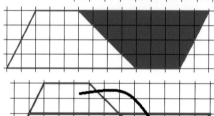<br>　・解決③<br>　・解決④<br>　・解決⑤ | ＊課題を提示するときには，1マス1cmの方眼の上に図形をおくとともに，面積を求めるのに必要な要素の長さは，児童の求めに応じて提示するようにする。<br><br>・思①台形の面積の求め方を，求積可能な図形の面積の求め方を基に考えている。（ノート分析，行動観察）<br>・態①求積可能な図形に帰着させて考えると面積を求めることができるというよさに気付き，台形の面積を求めようとしている。（ノート分析，行動観察） |
| 3．発表・検討する。<br>　・解決①：三角形と長方形に分けて面積を求める。<br>　・解決②：倍積変形して，平行四辺形に直す。<br>　・解決③：等積変形で，平行四辺形に直す。<br>　・解決④：上底と下底を等しくするように等積変形して長方形に直す。<br>　・解決⑤：高さを半分にすることで長方形に直す。<br>4．学習を振り返り，まとめる。<br>　・学習感想を書く。 | ＊発表・検討場面では，素朴な解決から取り上げるようにし，前の解決方法で用いられた着想と「似ている点」を発表させることで，「既習の求積可能な図形に直した」という着想を明示化するようにする。 |

### ③ 第7時における評価の実際

　第7時の「主体的に学習に取り組む態度」の評価規準は，以下の通りである。

> ① 求積可能な図形に帰着させて考えると面積を求めることができるというよさに気付き，台形の面積を求めようとしている。

次のような指導と評価の場面を設けた。

第7時では，まず児童に【図1】のような台形を提示した。これまでの学習で，平行四辺形と三角形の面積を多面的に求め，公式にまとめることを経験している児童は，台形も同様にできるのではないかと考え，「台形の面積もこれまでに学習した図形に変形することで求められ，公式をつくることができるのではないか」と見通しをもった。

【図1】提示した台形

自力解決の際，指導者は机間指導によりどのような学習状況かを観察して把握する。前時までのノートを見返したりする姿，一つの方法で解決したあと別の方法での求積を試みる姿，式に言葉や図での説明を書き加える姿などを捉え，粘り強く解決している様子を把握するのである。また，うまくいかなかった解決方法を振り返り，それを修正したり別の方法を考えたりする姿や，自分の解いた方法を自己評価し，更によいものを求めようとする姿，自分の解決した結果を友達に説明することを念頭に置いて，着想や説明を書き加えていく姿などを捉え，自己調整が働いていることを把握していく。結果として示されるノートの記述だけでなく，このように行動観察からも児童の姿を捉えていきたい。

また，自力解決時の児童の活動を評価のためだけに使ってはならない。児童の望ましい態度は積極的に紹介し，どのように学べばよいのかを具体的に示しクラスに共有していくことが，ほかの児童の態度の育成につながることになる。

台形の求積を考える本時では，自力解決の際に，求積できる図形として根拠をもって変形したり分割したりしていこうとする姿があれば，「おおむね満足できる」状況と評価する。

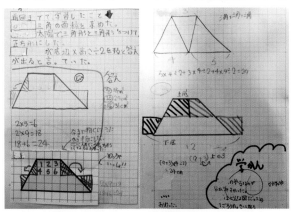

【図2】長方形に等積変形する

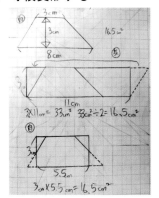

【図3】複数の方法

【図2】の児童のノートからは，既習の長方形に等積変形をしていることを判断することができる。このことから，「思考・判断・表現」①が「おおむね満足できる」状況であると同時に，「主体的に学習に取り組む態度」①が「おおむね満足できる」状況と評価する。

一方，本時はこれまで学習を積み重ねてきた第7時であるため，幾つかの長方形に細分するなどして方眼の数を数えている児童に関しては，その価値を認めつつも，既習の図形に帰着しようとする態度が弱いという観点から「努力を要する」状況と評価する。

なお，「十分満足できる」状況については，【図3】のように，自ら複数の方法で既習の図形に帰着させて考えようとしている姿や，自己の学習を適切に振り返って自己評価を加えながら取り組んでい

る様子を捉えて判断する。

　また，発表・検討の場面で自分の解決方法と他の幾つかの解決方法に共通する着想として，「既習の求積可能な図形に直す」ことを価値付けていれば，「十分満足できる」状況と評価する。

### （3）第9時における「主体的に学習取り組む態度」の指導と評価

#### ①　第9時の目標
　ひし形の面積の求め方を考え，説明することができる。

　ひし形の面積を求める公式をつくり出し，それを適用して面積を求めることができる。

#### ②　第9時の展開

| 主な学習活動と児童の反応 | 留意点と評価（＊留意点・評価） |
|---|---|
| 1．問題場面を把握する。<br>　図のようなひし形の面積を求めましょう。<br>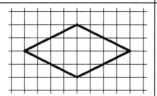<br><br>2．自力解決する。<br>・解決①　　　　　・解決②<br>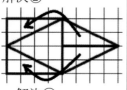<br><br>・解決③　　　　　・解決④<br>　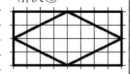 | ＊課題を提示するときには，1マス1cmの方眼の上に図形をおくとともに，面積を求めるのに必要な要素の長さは，児童の求めに応じて提示するようにする。<br>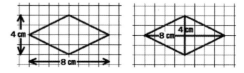<br>＊自力解決の際，示されたひし形の面積を求めて満足するだけでなく，公式を作ろうとしている児童については，態②の評価を行う。 |
| 3．発表・検討する。<br>　・解決①，②：三角形に分割して長方形にする。<br>　・解決③：等積変形で，平行四辺形に直す。<br>　・解決④：長方形の半分と考える。 | ＊発表・検討場面では，素朴な解決から取り上げるようにし，前の解決方法で用いられた着想と「似ている点」を発表させることで，「既習の求積可能な図形に直した」という着想を明示化するようにする。 |
| 4．解決方法の振り返りから公式を導く。<br>　・幾つもの方法で面積を求めることができたことをまとめる。<br>　・個々の解法の着想を振り返り，共通点を見いだし，ひし形の面積を求める言葉の式をつくる。<br><br><br><br>5．学習を振り返り，まとめる。<br>　・学習感想を書く。 | ＊共通点を見いだす発言がない場合には，式表現と図を対応させつつ，解決方法を再度確認することで，共通の要素を見いださせるようにする。<br>・態②見いだした求積方法や式表現を振り返り，簡潔かつ的確な表現に高めようとしている。 |

### ③ 第９時における評価の実際

第９時の「主体的に学習に取り組む態度」の評価規準は，以下の通りである。

> ② 見いだした求積方法や式表現を振り返り，簡潔かつ的確な表現に高めようとしている。

次のような指導と評価の場面を設けた。

第９時では，まず児童に【図４】のような方眼上にひし形がある図を提示した。児童からは，すぐに「たて４cm，横８cmだ。」「ひし形も公式にしたい。」などの発言があった。それらを板書し，自力解決に移った。自力解決では，第９時の展開の「２．自力解決する。」にあるような反応が見られた。その中には，面積を求めて満足している児童もいれば，いろいろな方法を考えようとする児童もいる。さらに，面積を決定する構成要素に気付き，公式をつくろうとしている児童もいる。このとき，ひし形の面積を決定づける構成要素を見いだそうとしていたり，面積を求める言葉の式を書こうとしたりしている様子が見られた場合には，「おおむね満足できる」状況と評価する。

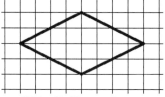

【図４】提示したひし形

さらに，ひし形の面積の求め方を発表し，自分の前に発表された解決方法と自分の解決方法の「似ている」部分を明確にさせながら，検討をしていく。児童からは，既習の求積可能な「平行四辺形」や「長方形」に直そうとしたことと，そのために，動かしたり，倍と考えたりしたことが発表され，ひし形の面積が16㎠であることを確認した。

黒板に残っているそれらの解決方法を一通り振り返る中で，児童から「今日も公式がつくれそう」「私は公式がつくれた」などの発言があり，ここでもう一度自力解決の時間を設けた。このときの記述が，一つの解決方法を根拠に考えようとしている場合には，「おおむね満足できる」状況であり，幾つかの解決方法を根拠に考えようとしている場合には「十分満足できる」状況となる。例えば，どの解決方法の式にも「４」と「８」と「÷２」があることから，「(たて)×(横)÷２」や「(横)÷２×(高さ)」，「(たての対角線)×(横の対角線)÷２」，「(対角線)×(対角線)÷２」などが書かれていることを捉え評価する。

なお，発表・検討場面の発言や自力解決の机間指導だけでは，全ての児童を評価することは難しい場合がある。そのような場合には，児童のノートを集めることで，全員を評価するようにする。

【図５】には，「たて×横でひし形２つ分の面積だから，÷２して１つ分の16㎠」の記述が見られる。これは，この児童が，既習の長方形に倍積変形することで，ひし形の面積を求めたことを表している。また，このノートには，「公式かな？」という表現とともに，「たて×横÷２」，「４×８÷２」の記述も見られる。四角形と三角形の面積の学習を通して，公式にすることへの主体性が芽生えてきていることが感じられる。この児童は，

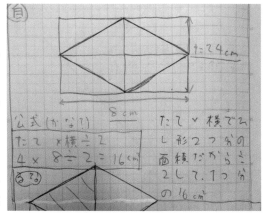

【図５】長方形に倍積変形する

一つの解決方法から言葉の式をつくろうとしているため，「おおむね満足できる」状況と評価する。

　「努力を要する」状況と判断された児童には，個別に支援を行うとともに，公式を導き出していくときに，どのように考えていくとよいかを振り返らせた。

　行動観察やノートの記述の分析を基に評価する場合には，【表２】のような具体的な児童の学習状況を明確にしておき，児童にも示すことで，評価のためにノートに記述するのでなく，児童も自身の目標として取り組むことにつながる。ここでは，「思考・判断・表現」の姿を目標として示すことで，そこに向かう「主体的に学習に取り組む態度」を評価することができることから，「思考・判断・表現」の姿を示している。

【表２】ノートの記述内容を評価する際の児童の学習状況（第９時）

| | 児童の学習状況 | 具体的な記述例 |
|---|---|---|
| 「おおむね満足できる」状況 | ・ひし形の面積を求める際に，どのように計算したのかを言葉の式で表すことを考えてノートに書いている。 | 例：私は大きな長方形の半分の面積だと考えて，（縦の対角線）×（横の対角線）÷２とした。<br><br>例：対角線で切って，三角形を移動して長方形にして計算したら８×２となり，言葉の式でいうと，（横の対角線）×（縦の対角線の半分）となった。 |
| 「十分満足できる」状況 | ・ひし形の面積を求めてどのように計算したのかを言葉の式に表し，他の方法でも同じような言葉の式を導くことができるかを考えてノートに書いている。 | 例：対角線で切って，三角形を移動して長方形にして計算したら８×２となり，言葉の式でいうと，（横の対角線）×（縦の対角線の半分）となった。<br>　また，縦の対角線で切って２つの三角形を求めて最後に合わせる方法だと，４×４÷２×２となり，（横の対角線の半分）×（縦の対角線）となった。どちらも，（縦の対角線）と（横の対角線）と（半分）があるのでどちらを半分にしても計算できる。 |

## 5　「主体的に学習に取り組む態度」を育成，評価をする上での工夫
### （１）解決過程を振り返ることができるノート指導

　児童が問題を解決する際に身に付けさせたい態度の一つに，「今まで学んだことを使えないか」のように問題と既習内容との関連から解決の着想を見いだそうとすることがある。その際，児童をサポートするのが，これまでに児童自身がつくり上げてきたノートを見返すことである。そのためには，ノートの記述内容を振り返ることができるようにしておく必要がある。ノートには日付や学習内容を書くだけでなく，どのような問題を解決したのか（問題），それを解決するために自分がどのように考えを進めたのか（自分の考え，思考過程），それを解決するための友達の考えにはどのようなものがあるのか（友達の考え），話し合った結果，どの考え方や方法がよりよいものだったか（価値付け），大切な考え方や方法，技能のポイントや覚えておくべき知識は何か（まとめ）などを分かりやすく記述することを促すような指導が必要である。また，このように指導しておくことで，指導者がノートを見る際にも適切な助言ができたり，適切な評価ができたりすることにつながる。自力解決でどのような解決方法をとったのか，また，発表や練り上げの段階で友達の意見をどのようにノートに記録し，

さらには適用問題ではどのように解決方法が変容したのかを知ることが可能になる。

## （2）対話的な学びを視覚化し，振り返ることができるような板書

　児童が学校で算数を学ぶ目的の一つには，他の児童との対話を通して，よりよく問題解決する態度を育成することがある。他の児童との対話においては，自分一人では考え付かなかった方法を知ったり，対話の過程で新たな考えが生まれたり，説明するために多様な表現方法を用いることで表現する力や表現されたものを読み取る力が育ったりする。このように対話は「主体的に学習に取り組む態度」だけではなく，その他の資質・能力を育てる上で大切である。

　対話的な学びを上に述べたように充実させるためには，全体の話合いの場において，児童から発信される様々な情報を黒板上で共有していくことが大切である。児童の様々な考えや意見を児童の名前とともに板書することによって，問題解決の過程を振り返る際に，誰の発言により考えが進んだり深まったりしたのかを価値付けすることができる。このようにすることによって，他の児童が同じ考えを次の学習に生かそうとしたり，発言した児童も発言することに自信をもったりすることにもつながる。このことは，協働的に学ぶために必要な言語活動を促進すると考えられる。

　また，このような板書を写真に撮り記録しておくことで，評価の資料としても用いることが可能となる。授業中の児童の発言一つ一つを指導者がノートや点検簿に付けていくことは現実的ではないが，この方法だと簡単に記録として残すことができる。

## （3）発達の段階を考慮した評価の工夫

　発達の段階に照らした場合には，児童自ら目標を立てるなど学習を調整する姿が顕著にみられるようになるのは，一般に抽象的な思考力が高まる小学校高学年以降からであるとの指摘もあり，児童自ら学習を調整する姿を見取ることが困難な場合もあり得る。このため，算数科の「主体的に学習に取り組む態度」の評価の観点の趣旨の作成等に当たって，児童の発達の段階や算数科の特質を踏まえて柔軟な対応が可能となるよう工夫するとともに，特に小学校低学年・中学年段階では，例えば，学習の目標を教師が「めあて」などの形で適切に提示し，その「めあて」に向かって自分なりに様々な工夫を行おうとしているかを評価することや，他の児童との対話を通して自らの考えを修正したり，立場を明確にして話していたりする点を評価するなど，児童の学習状況を適切に把握するための学習評価の工夫をすることが求められる。

算数科　　事例4

キーワード　「D　データの活用」の評価

| 単元名 | 内容のまとまり |
|---|---|
| 表と棒グラフ | 第3学年「D　データの活用」（1）「表と棒グラフ」 |

## 1　単元の目標

(1)　日時の観点や場所の観点などからデータを分類整理し，表に表したり読んだりすることができる。

(2)　棒グラフの特徴やその用い方を理解している。

(3)　データを整理する観点に着目し，身の回りの事象について表やグラフを用いて考察して，見いだしたことを表現している。

(4)　進んで分類整理し，それを表や棒グラフに表して読み取るなどの統計的な問題解決のよさに気付き，生活や学習に活用しようとしている。

## 2　単元の評価規準

| 知識・技能 | 思考・判断・表現 | 主体的に学習に取り組む態度 |
|---|---|---|
| ①日時の観点や場所の観点などからデータを分類整理し，簡単な二次元の表に表したり読んだりすることができる。<br>②棒グラフで表すと，数量の大小や差が捉えやすくなることなど，棒グラフの特徴やその用い方を理解している。 | ①データをどのように分類整理すればよいかについて，解決したい問題に応じて観点を定めている。<br>②身の回りの事象について，表や棒グラフに表し，特徴や傾向を捉え考えたことを表現したり，複数のグラフを比較して相違点を考えたりしている。 | ①進んで分類整理し，それを表や棒グラフに表して読み取るなどの統計的な問題解決のよさに気付き，生活や学習に活用しようとしている。 |

## 3　指導と評価の計画（10時間）

　第1次は単元の目標(1)の指導を行うため，複数の観点が選べる学習教材としてデータカードによる分類整理の活動を位置付けている。本時に扱うデータカードは，実際の自分たちのデータを題材にするために，事前に4つの項目（①好きなおかず②住んでいる町③好きな遊び④いちばん好きなテレビ番組）でのアンケートを実施し，回答をカード【図1】に記入させたものである。集めたデータカードを学級全員分印刷し，個々の児童が全員分のデータカードを机上で具体的に操作できるようにしておく。そして，解決したい問題に応じて観点を定めて整理する方法を学級全体で学ぶとともに，個別に自ら観点を定めて整理し，表を作っていく。

| すきな おかず | すんでいる 町 |
|---|---|
| すきな 遊び | いちばんすきな テレビ番組 |

**【図1】本時で用いたデータカード**

　第2次では，第1次で作った表をグラフに表す学習を行い，その後は「知識・技能」などの内容

を学習するために様々な架空のデータを題材として，グラフを読んだり表したりする学習を行う。また，グラフから特徴や傾向を考えたり，複数のグラフを比較して相違点を考えたりすることを，共通課題を用いて学習する機会も設けている。

　第3次は，学習したことを生活や学習に活用できるようにするために，自分が知りたいことを統計的に調べるということを自立的に学習する機会としている。調べたい問題に対してデータの収集の計画を立て，自分でデータを集めて分類整理し，棒グラフに表して見いだしたことを表現するという一連の活動を3時間単元で構成したものである。学んだ知識・技能を活用する場を設けることでそれらの定着を図るとともに，そのよさに気付くことができるように支援する。

| 時間 | ねらい・学習活動 | 評価規準（評価方法） | | |
|------|-----------------|------|------|------|
| | | 知識・技能 | 思考・判断・表現 | 主体的に学習に取り組む態度 |
| 第1次　データを整理する方法を考え，観点を定めて表に分類整理する。 | | | | |
| 1 | ・データカードを，整理して並べる。 | | ・思①（行動観察） | |
| 2 | ・「その他」の使い方を知り，表にまとめる。 | ○知①（ノート分析） | ○思①（行動観察，ノート分析） | |
| 第2次　表や棒グラフに表すことができる。<br>　　　　表やグラフから読み取ったことを表すことができる。 | | | | |
| 3 | ・棒グラフをかく。<br>・棒グラフから分かることを言葉で表す。 | ○知②（ノート分析） | | |
| 4 | ・2つのグラフを比べて，分かることを表す。 | | ○思②（ノート分析） | |
| 5 | ・簡単な二次元表に整理する。<br>・複数の棒グラフを組み合わせたグラフを読み，分かることを表す。 | | | |
| 6 | ・複数の棒グラフから数値を読み取る。<br>・1目盛りの大きさを考えてグラフをかく。 | ・知①（ノート分析） | | |
| 7 | 　正の字などを用いてデータを数えることができる。<br>・交通量調査など，動くものを数える。<br>・ペーパーテストに取り組む。 | ○知①②（ノート分析・ペーパーテスト） | | |
| 第3次　自分の調べたい問題について統計的に調べることができる。 | | | | |
| 8<br>・<br>9<br>・<br>10 | ・問題を設定する。<br>・計画を立てデータを集める。<br>・表やグラフに整理する。<br>・分かったことをまとめる。<br>・友達と交流する。 | ・知①（行動観察） | ・思②（行動観察） | ○態①（ノート分析） |

※指導に生かす評価を行う代表的な機会については「・」を，その中で特に学級全員の児童の学習状況について，総括の資料にするために記録に残す評価を行う機会には「○」を付けている。

## 4 観点別学習状況の評価の進め方

ここでは，第1次の「思考・判断・表現」と第3次の「主体的に学習に取り組む態度」の指導と評価を中心に述べる。

### （1）第1次の展開

#### ① 第1時

| 主な学習活動と児童の反応 | 留意点と評価（＊留意点　・評価） |
|---|---|
| 1．好きな食べ物を説明した文を基に，そのことがクラス全体でも同じかどうかを考える。<br>「わたしはきゅう食の<u>スパゲティ</u>がすきだ。」<br>・人によって違う。<br>・同じ人もいる。<br>・人気のあるメニューは，クラスが変わっても違いがないかもしれない。 | ＊集団の特徴や傾向を調べるためには，統計的な問題を設定し，数を調べていけばよいことに気付かせる。 |
| このクラスで人気のあるきゅう食のおかずメニューは何だろうか。 ||
| 2．解決の見通しを立てる。<br>　調べるにはどうするか。<br>・「何がすきか。」を聞いていけばいい。<br>・聞いたら，何が多いかが分かる。 | ＊「問題（何を調べるのか）」→「計画（どうやって調べるのか）」→「データを集める（アンケート）」→「分せきする（整理する）」など，統計的探究プロセスにつながるような方法を，板書で明示しておく。 |
| 3．事前アンケートの回答（クラス全員分）をわかりやすく整理する。<br>・メニューが同じカードを積んでいけばいい。<br>・数えたらいい。<br>・並べたらいい。 | ＊好きなものや住んでいる場所などの4つの質問に対する回答を1枚のカードに書くようなアンケートを事前に実施しておき，学級全員の回答（データカード）を印刷したものを配布する。 |
| 4．分かりやすい整理の仕方について意見を交流して共有する。<br>・同じものの山を作って数えた。<br>・同じ列に同じものを並べたらどれが多いのかが分かる。<br>5．学習を振り返り，まとめる。 | ＊途中で友達の分類整理の様子を互いに見て回る機会を設け，よい方法を共有する。<br>・思①データをどのように分類整理すればよいかについて，解決したい問題に応じて観点を定めている。（行動観察） |

#### ② 第2時

| 主な学習活動と児童の反応 | 留意点と評価（＊留意点　・評価） |
|---|---|
| 1．前時を振り返り，めあてを立てる。<br>・カレーがとても人気があった。<br>・ABCスープも多かった。<br>・ノートに数をかいたよ。 | ＊前時に机の上に並べたカードは整理された状態で封筒に片付けているので，改めて同じ活動をするのでなく，数が分かれば比べられることを確認し，表に整理すればよいことに気付くようにし，めあてにつなげられるようにする。 |

| 人気のあるメニューを，表に整理できるようになろう。 | |
|---|---|
| ２．表のかき方を知り，表に整理する。 | ＊表題や単位など，表の形式を指導し，表の枠組みを例示する。<br>・知①日時の観点や場所の観点などからデータを分類整理し，簡単な二次元の表に表したり読んだりすることができる。（行動観察）<br>＊観点別に整理できない児童の支援を行う。<br>＊少ないものは「その他」でまとめられることを指導する。また，「合計」で数があっているかどうかを確かめられることも指導する。 |
| ３．表から「このクラスの人気のあるきゅう食のおかずメニューは何か。」の答えになるような気付きを発表，交流する。 | |
| ４．アンケートの残り３項目から自分の調べたい観点を決め，カードを分類整理し表にまとめる。 | ・思①データをどのように分類整理すればよいかについて，解決したい問題に応じて観点を定めている。（行動観察，ノート分析）<br>・知①日時の観点や場所の観点などからデータを分類整理し，簡単な二次元の表に表したり読んだりすることができる。（ノート分析） |
| ５．学習を振り返り，まとめる。 | |

**（２）第１次における「思考・判断・表現」の指導と評価**

　第１次の「思考・判断・表現」の評価規準は，第１時，第２時ともに次の通りである。

> ①　データをどのように分類整理すればよいかについて，解決したい問題に応じて観点を定めている。

それぞれの時間に次のような指導と評価の場面を設ける。

**①　第１時**

　解決したい問題に応じた観点でデータを整理するためには，全体で共有した問題「このクラスで人気のあるきゅう食のおかずメニューは何だろうか。」に対応する観点で整理する必要がある。第１時は落ちや重なりがないような上手に分類整理する方法に重点を置いて「・」の評価場面（記録に残すのは一部のみ）とし，「努力を要する」状況と考えられる児童に対する指導を行う。

　まずはデータカードを用いて個人で解決していく。初めは，何も指導をしていない状態であり，児童によって多様な取り組みが行われる。例えば，【図２】のようにカードを机上に広げてそれぞれの数を数えていたり，同じ「カレー」のカードを一か所に積んでいたり，給食以外のアンケートの観点にも関心が向いて混在させたりしている状況である。そのような状況で数を確かめようとすると，落ちや重なりが生じてしまう。一方，観点を定めて分かりやすいようにカードを並べている児童もいる。

そこで，どのように分類すればよいかということに関心が向いたところで，友達の整理の仕方からよりよい方法を学び，自らの整理の仕方に生かすことができるような支援を行う。【図3】は「すきなおかず」に着目して整理したものである。このように，どのメニューが多いのか少ないのかがひと目で分かることに気付き，観点を定めて整理することのよさを，自らの整理の仕方に生かしている姿を捉えて評価する。また，机間指導によって，そのような整理がまだ十分でない児童に対する支援を行うようにする。

【図2】観点を定めて整理していない様子

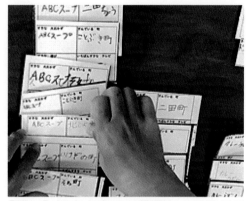
【図3】観点を定めて整理している様子

ここでは，行動観察により，工夫して整理している児童の姿や友達の並べた様子を見て，更に工夫している児童の姿を「十分満足できる」状況と捉え，その一部を評価資料として記録しておく。

② 第2時

前半は，前時の「すきなおかずメニュー」を調べるためにカードで分類整理したことを記録しその枚数を表現するために，表にまとめる学習を全体で行う。「多いものから書いた方が見やすい。」ことを共有して整理していく。また，表の枠の数を少なく用意しておくことで，「その他」でまとめる必要性が生まれる（【図4】参照）。実際にアンケートで取ったものを用いると，下位に来るメニューの数が1，1…と続いていくような結果になることが多い。当然，「表に入らないときは，どうしたらいいのか。」が問題となる。そこで数が少ないものは「その他」でまとめることができることを指導する。児童は表に整理しながら「思った通りカレーがとても人気がある。」，「予想とちがって，麺類は余り多くない。」など，数の大小やその程度に着目して特徴を捉えていく。

後半は，児童が自ら調べたい問題について分析していく学習を行う。自ら調べたいものに応じて，データカードの残りの3つの観点から自分で選び，分類整理して表にまとめ，何が明らかになったのかを表す活動を位置付ける。そのノートを確認することで，児童全員の評価を記録に残す。

すんでいる町(3-2)

| 町 | 人数(人) |
|---|---|
| 二田 | 10 |
| しののめ | 7 |
| きたとよ中 | 6 |
| 池がの | 3 |
| その他 | 8 |
| | |
| 合計 | 34人 |

【図4】整理した表

第2時における児童の学習状況とノート例，それに対する評価は以下の通りである。

**【表1】第2時の児童の学習状況とノート例**

| | 児童の学習状況 | ノート例 |
|---|---|---|
| 「おおむね満足で | 調べたいもの（問題）に応じた観点で分類整理している。(表の表題と項目名が合 | 問題 皆が住んでいる町はどこが多いのか。 分かったこと 二田町が10人で多かった。 |

- 82 -

| | | |
|---|---|---|
| きる」状況 | 致している。多いものに着目して記述している。 ） | |
| 「十分満足できる」状況 | 調べたいもの（問題）に応じた観点で分類整理しているとともに，特徴を記述している。 | 問題 他の人は何町に住んでいるのだろうか。<br>分かったこと 二田町がこんなに多かったことが分かった。二田町と東雲町と北豊中町がとても多かった。学校のある宮町は意外と少なかった。 |

　「努力を要する」状況と考えられる児童には，机間指導で必要な助言を行うとともに，何を「その他」にすればよいかを示して再度まとめさせる。


## （3）第3次の展開
### ① 第8〜10時

| | 主な学習活動と児童の反応 | 留意点と評価（＊留意点　・評価） |
|---|---|---|
| 第8時 | 1．問題を設定する。<br>・クラスでは，何色が人気があるのかな。<br>・どんな靴を履いてきているのかな。<br>・何時に寝ているのだろう。 | ＊最終のノートにどのようなものができるのか，完成イメージを画像で見せることで，活動の見通しを立てやすくする。<br>＊自分で問題を考えることができない児童には，幾つかの問題から選択できるように選択肢を用意しておく。 |
| 第9・10時 | 2．調査の計画を立てる。<br>・インタビューをする，アンケートをとる，自分で数える等から選ぶ。<br>3．自分でデータを集め，分類整理する。<br>・自分から工夫してデータを集めている。<br>・どのように進めてよいか困っている。<br>4．表を作って棒グラフをかく。分かったことをノートにまとめる。<br><br><br><br>5．友達の作品を見て，交流する。<br>6．学習を振り返り，まとめる。 | ＊統計的な問題解決活動の流れが分かるようにワークシートを用意する。<br><br>＊困っている児童に対しては，自立的に活動できている児童から学ばせるなどして，データを集められるようにする。<br>・態①進んでデータを集めて分類整理し，それを棒グラフに表して読み取るなど，統計的な問題解決のよさに気付いて取り組んでいる。（ノート分析）<br><br><br>＊自らの活動のよかった点，次に取り組んでみたいことを中心にまとめさせる。 |

## （4）第3次における「主体的に学習に取り組む態度」の指導と評価
　第3次の「主体的に学習に取り組む態度」の評価規準は，次の通りである。

次のような指導と評価の場面を設ける。

第8時では，統計グラフコンクール（注1）作品を幾つか紹介するなどし，統計を使って調べられることはどんなことかという見通しをもつことができるようにするとともに，どのようにまとめるのかという見通しをもつこともできるようにする。

また，児童が主体的に統計的な問題解決活動を行うためには，よさに気付くことが大切であることから，ここでは具体的に「あやふやなものがはっきり分かった。」「何となく思っていたけれど，調べてみてはっきり分かった。」「表したことを他の人が見てくれたことで，思いを共有できた。」といったようなよさを感じることができるようにしたい。そのために，何を調べるかを決めるだけでなく，どのように調べたらそれが分かるのか，またそれは個人で調べられるのか，そしてどのようなグラフで表現できそうか，といった見通しをもった上で，データを収集した後に活動するように指導する。その段階で，問題の設定や計画を立てることが難しい児童に対しては，例を示したり，幾つか用意したものから選択させたりするなど，身の回りの事象を統計的に解決していく問題をすべての児童がもてるように配慮することも必要である。そうしてテーマを決め，調べる計画を立て，データをどのように集めるのかによって，インタビューを考えたり，アンケート用紙を用意したりしていく。

第9時では，児童はデータを実際に集め，データの集計と分析（視覚化）を行っていく。ここでは，アンケート用紙を集計したり，実際に数えたりする際に「正」の字をかいて数えたり，合計が合わない場合には計算し直したりするなど，既習を生かした活動をする。

第10時では，レポート形式【図5】でこれまで調べたことをノートにまとめ，できたものから順次コピーして掲示し，友達のまとめたものを読む機会を設ける。そのノートを評価資料とする。評価に当たっては，次のような具体的な児童の姿で判断する。

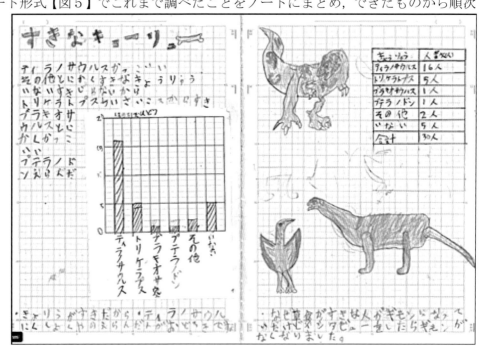

【図5】第8時から第10時にかけて作ったレポートの例

**【表2】第3次における児童の学習状況**

| 「おおむね満足できる」状況 | 問題解決に必要なデータを集め，観点を定めて分類整理し，それをグラフに表して見いだしたことを表現する過程を，粘り強くやり遂げている。 |
| --- | --- |
| 「十分満足できる」状況 | 問題を自分で見いだし，必要なデータを集め，観点を定めて分類整理し，それをグラフに表して見いだしたことを表現する過程を行うだけでなく，さらに調査を進めたり，グラフを分かりやすくしたりするなど工夫してよりよいものにしようとしている。 |

　実際には次のような状況を「十分満足できる」状況と評価する。

C1：「プールが好きか？」を問題と設定して調査し，グラフに表した後に「嫌いな子より好きな子が多かった。なぜなのか，聞いてみました。」と新たな問いを見いだして調べ直し，「きらいな人にも聞いてみました。」と追究を進めていた。

C2：「すきな花」についてアンケートを採り，グラフにまとめて「チューリップとばらが多かったことがわかりました。」と一度結論づけた。しかし，まとめたものを見直して，チューリップとばらは同数，すみれ，ホウセンカ，ヒマワリも同数であることに気付き，「チューリップとばらならどちらが好きか。」「すみれ，ホウセンカ，ひまわりならどれが好きか。」と更にインタビューをすることで，それらの違いを明確にした。さらに，2回目の2つのインタビューで多かったばらとすみれについてもう一度インタビューを行い，ばらが多いという結論を得た。感想からは「いい香りがするからばらが好き」とばらが好きな理由も尋ねている様子が分かる。【図6】

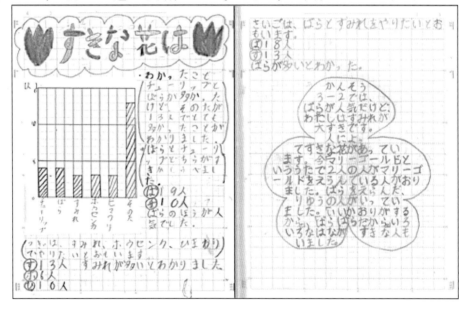

**【図6】「十分満足できる」状況と評価した例**

　このように，グラフから分かることや感想を書いて終わるのでなく，更に自分で知りたいことを見いだして調べている状況は，「主体的に学習に取り組む態度」について「十分満足できる」状況と評価する。

　「努力を要する」状況と考えられる児童には，個別に支援を行うとともに，統計的な問題解決活動を終えた児童の作品から，他の児童がどのようにグラフに表し，考えをまとめているのかを学ぶ機会を設け，それを生かして自らの作品に追記し，見いだしたことを表現できるようにする。

注1　公益財団法人　統計情報研究開発センター

# 巻末資料

# 小学校算数科における「内容のまとまりごとの評価規準（例）」

## I 第1学年

### 1 第1学年の目標と評価の観点及びその趣旨

|  | （1） | （2） | （3） |
|---|---|---|---|
| 目標 | 数の概念とその表し方及び計算の意味を理解し，量，図形及び数量の関係についての理解の基礎となる経験を重ね，数量や図形についての感覚を豊かにするとともに，加法及び減法の計算をしたり，形を構成したり，身の回りにある量の大きさを比べたり，簡単な絵や図などに表したりすることなどについての技能を身に付けるようにする。 | ものの数に着目し，具体物や図などを用いて数の数え方や計算の仕方を考える力，ものの形に着目して特徴を捉えたり，具体的な操作を通して形の構成について考えたりする力，身の回りにあるものの特徴を量に着目して捉え，量の大きさの比べ方を考える力，データの個数に着目して身の回りの事象の特徴を捉える力などを養う。 | 数量や図形に親しみ，算数で学んだことのよさや楽しさを感じながら学ぶ態度を養う。 |

（小学校学習指導要領　P.64）

| 観点 | 知識・技能 | 思考・判断・表現 | 主体的に学習に取り組む態度 |
|---|---|---|---|
| 趣旨 | ・数の概念とその表し方及び計算の意味を理解し，量，図形及び数量の関係についての理解の基礎となる経験を積み重ね，数量や図形についての感覚を豊かにしている。<br>・加法及び減法の計算をしたり，形を構成したり，身の回りにある量の大きさを比べたり，簡単な絵や図などに表したりすることなどについての技能を身に付けている。 | ものの数に着目し，具体物や図などを用いて数の数え方や計算の仕方を考える力，ものの形に着目して特徴を捉えたり，具体的な操作を通して形の構成について考えたりする力，身の回りにあるものの特徴を量に着目して捉え，量の大きさの比べ方を考える力，データの個数に着目して身の回りの事象の特徴を捉える力などを身に付けている。 | 数量や図形に親しみ，算数で学んだことのよさや楽しさを感じながら学ぼうとしている。 |

（改善等通知　別紙4　P.6）

### 2 内容のまとまりごとの評価規準（例）

### A 数と計算

## (1) 「数の構成と表し方」

| 知識・技能 | 思考・判断・表現 | 主体的に学習に取り組む態度 |
|---|---|---|
| ・ものとものとを対応させることによって，ものの個数を比べることができる。<br>・個数や順番を正しく数えたり表したりすることができる。<br>・数の大小や順序を考えることによって，数の系列を作ったり，数直線の上に表したりすることができる。<br>・一つの数をほかの数の和や差としてみるなど，ほかの数と関係付けてみることができる。<br>・2位数の表し方について理解している。<br>・簡単な場合について，3位数の表し方を知っている。<br>・数を，十を単位としてみることができる。<br>・具体物をまとめて数えたり等分したりして整理し，表すことができる。 | ・数のまとまりに着目し，数の大きさの比べ方や数え方を考え，それらを日常生活に生かしている。 | ・数に親しみ，算数で学んだことのよさや楽しさを感じながら学ぼうとしている。 |

## (2) 「加法，減法」

| 知識・技能 | 思考・判断・表現 | 主体的に学習に取り組む態度 |
|---|---|---|
| ・加法及び減法の意味について理解し，それらが用いられる場合について知っている。<br>・加法及び減法が用いられる場面を式に表したり，式を読み取ったりすることができる。<br>・1位数と1位数との加法及びその逆の減法の計算が確実にできる。<br>・簡単な場合について，2位数などについても加法及び減法ができることを知っている。 | ・数量の関係に着目し，計算の意味や計算の仕方を考えたり，日常生活に生かしたりしている。 | ・数や式に親しみ，算数で学んだことのよさや楽しさを感じながら学ぼうとしている。 |

## B　図形

### (1)「図形についての理解の基礎」

| 知識・技能 | 思考・判断・表現 | 主体的に学習に取り組む態度 |
|---|---|---|
| ・ものの形を認め，形の特徴を知っている。<br>・具体物を用いて形を作ったり分解したりすることができる。<br>・前後，左右，上下など方向や位置についての言葉を用いて，ものの位置を表すことができる。 | ・ものの形に着目し，身の回りにあるものの特徴を捉えたり，具体的な操作を通して形の構成について考えたりしている。 | ・身の回りにあるものの形に親しみ，算数で学んだことのよさや楽しさを感じながら学ぼうとしている。 |

## C　測定

### (1)「量と測定についての理解の基礎」

| 知識・技能 | 思考・判断・表現 | 主体的に学習に取り組む態度 |
|---|---|---|
| ・長さ，広さ，かさなどの量を，具体的な操作によって直接比べたり，他のものを用いて比べたりすることができる。<br>・身の回りにあるものの大きさを単位として，その幾つ分かで大きさを比べることができる。 | ・身の回りのものの特徴に着目し，量の大きさの比べ方を見いだしている。 | ・身の回りにあるものの大きさに親しみ，算数で学んだことのよさや楽しさを感じながら学ぼうとしている。 |

### (2)「時刻の読み方」

| 知識・技能 | 思考・判断・表現 | 主体的に学習に取り組む態度 |
|---|---|---|
| ・日常生活の中で時刻を読むことができる。 | ・時刻の読み方を用いて，時刻と日常生活を関連付けている。 | ・時刻に親しみ，算数で学んだことのよさや楽しさを感じながら学ぼうとしている。 |

## D　データの活用

### (1)「絵や図を用いた数量の表現」

| 知識・技能 | 思考・判断・表現 | 主体的に学習に取り組む態度 |
|---|---|---|
| ・ものの個数について，簡単な絵や図などに表したり，それらを読み取ったりすることができる。 | ・データの個数に着目し，身の回りの事象の特徴を捉えている。 | ・数量の整理に親しみ，算数で学んだことのよさや楽しさを感じながら学ぼうとしている。 |

## Ⅱ 第２学年

### 1 第２学年の目標と評価の観点及びその趣旨

| | （１） | （２） | （３） |
|---|---|---|---|
| 目標 | 数の概念についての理解を深め，計算の意味と性質，基本的な図形の概念，量の概念，簡単な表とグラフなどについて理解し，数量や図形についての感覚を豊かにするとともに，加法，減法及び乗法の計算をしたり，図形を構成したり，長さやかさなどを測定したり，表やグラフに表したりすることなどについての技能を身に付けるようにする。 | 数とその表現や数量の関係に着目し，必要に応じて具体物や図などを用いて数の表し方や計算の仕方などを考察する力，平面図形の特徴を図形を構成する要素に着目して捉えたり，身の回りの事象を図形の性質から考察したりする力，身の回りにあるものの特徴を量に着目して捉え，量の単位を用いて的確に表現する力，身の回りの事象をデータの特徴に着目して捉え，簡潔に表現したり考察したりする力などを養う。 | 数量や図形に進んで関わり，数学的に表現・処理したことを振り返り，数理的な処理のよさに気付き生活や学習に活用しようとする態度を養う。 |

| 観点 | 知識・技能 | 思考・判断・表現 | 主体的に学習に取り組む態度 |
|---|---|---|---|
| 趣旨 | ・数の概念についての理解を深め，計算の意味と性質，基本的な図形の概念，量の概念，簡単な表とグラフなどについて理解し，数量や図形についての感覚を豊かにしている。<br>・加法，減法及び乗法の計算をしたり，図形を構成したり，長さやかさなどを測定したり，表やグラフに表したりすることなどについての技能を身に付けている。 | 数とその表現や数量の関係に着目し，必要に応じて具体物や図などを用いて数の表し方や計算の仕方などを考察する力，平面図形の特徴を図形を構成する要素に着目して捉えたり，身の回りの事象を図形の性質から考察したりする力，身の回りにあるものの特徴を量に着目して捉え，量の単位を用いて的確に表現する力，身の回りの事象をデータの特徴に着目して捉え，簡潔に表現したり考察したりする力などを身に付けている。 | 数量や図形に進んで関わり，数学的に表現・処理したことを振り返り，数理的な処理のよさに気付き生活や学習に活用しようとしている。 |

（改善等通知　別紙４　P.7）

巻末資料

## 2 内容のまとまりごとの評価規準（例）

### A 数と計算

#### (1)「数の構成と表し方」

| 知識・技能 | 思考・判断・表現 | 主体的に学習に取り組む態度 |
|---|---|---|
| ・同じ大きさの集まりにまとめて数えたり，分類して数えたりすることができる。<br>・4位数までについて，十進位取り記数法による数の表し方及び数の大小や順序について理解している。<br>・数を十や百を単位としてみるなど，数の相対的な大きさについて理解している。<br>・一つの数をほかの数の積としてみるなど，ほかの数と関係付けてみることができる。<br>・簡単な事柄を分類整理し，それを数を用いて表すことができる。<br>・$\frac{1}{2}$，$\frac{1}{3}$ など簡単な分数について知っている。 | ・数のまとまりに着目し，大きな数の大きさの比べ方や数え方を考え，日常生活に生かしている。 | ・数に進んで関わり，数学的に表現・処理したことを振り返り，数理的な処理のよさに気付き生活や学習に活用しようとしている。 |

#### (2)「加法，減法」

| 知識・技能 | 思考・判断・表現 | 主体的に学習に取り組む態度 |
|---|---|---|
| ・2位数の加法及びその逆の減法の計算が，1位数などについての基本的な計算を基にしてできることを理解し，それらの計算が確実にできる。また，それらの筆算の仕方について理解している。<br>・簡単な場合について，3位数などの加法及び減法の計算の仕方を知っている。<br>・加法及び減法に関して成り立つ性質について理解している。 | ・数量の関係に着目し，計算の仕方を考えたり計算に関して成り立つ性質を見いだしたりしているとともに，その性質を活用して，計算を工夫したり計算の確かめをしたりしている。 | ・加法及び減法に進んで関わり，数学的に表現・処理したことを振り返り，数理的な処理のよさに気付き生活や学習に活用しようとしている。 |

| 知識・技能 | | |
|---|---|---|
| ・加法と減法との相互関係について理解している。 | | |

### (3)「乗法」

| 知識・技能 | 思考・判断・表現 | 主体的に学習に取り組む態度 |
|---|---|---|
| ・乗法の意味について理解し，それが用いられる場合について知っている。<br>・乗法が用いられる場面を式に表したり，式を読み取ったりすることができる。<br>・乗法に関して成り立つ簡単な性質について理解している。<br>・乗法九九について知り，1位数と1位数との乗法の計算が確実にできる。<br>・簡単な場合について，2位数と1位数との乗法の計算の仕方を知っている。 | ・数量の関係に着目し，計算の意味や計算の仕方を考えたり計算に関して成り立つ性質を見いだしたりしているとともに，その性質を活用して，計算を工夫したり計算の確かめをしたりしている。<br>・数量の関係に着目し，計算を日常生活に生かしている。 | ・乗法に進んで関わり，数学的に表現・処理したことを振り返り，数理的な処理のよさに気付き生活や学習に活用しようとしている。 |

### B 図形

#### (1)「三角形や四角形などの図形」

| 知識・技能 | 思考・判断・表現 | 主体的に学習に取り組む態度 |
|---|---|---|
| ・三角形，四角形について知っている。<br>・正方形，長方形，直角三角形について知っている。<br>・正方形や長方形の面で構成される箱の形をしたものについて理解し，それらを構成したり分解したりすることができる。 | ・図形を構成する要素に着目し，構成の仕方を考えているとともに，身の回りのものの形を図形として捉えている。 | ・図形に進んで関わり，数学的に表現・処理したことを振り返り，数理的な処理のよさに気付き，生活や学習に活用しようとしている。 |

### C 測定

#### (1)「長さやかさの単位と測定」

| 知識・技能 | 思考・判断・表現 | 主体的に学習に取り組む態度 |
|---|---|---|
| ・長さの単位（ミリメートル（mm），センチメートル（cm）， | ・身の回りのものの特徴に着目し，目的に応じた単位で量の | ・量を比べたり測定したりすることに進んで関わり，数学的 |

| 知識・技能 | 思考・判断・表現 | 主体的に学習に取り組む態度 |
|---|---|---|
| メートル（m））及びかさの単位（ミリリットル（mL），デシリットル（dL），リットル（L））について知り，測定の意味を理解している。<br>・長さ及びかさについて，およその見当を付け，単位を適切に選択して測定することができる。 | 大きさを的確に表現したり，比べたりしている。 | に表現・処理したことを振り返り，数理的な処理のよさに気付き，生活や学習に活用しようとしている。 |

## (2)「時間の単位」

| 知識・技能 | 思考・判断・表現 | 主体的に学習に取り組む態度 |
|---|---|---|
| ・日，時，分について知り，それらの関係を理解している。 | ・時間の単位に着目し，時刻や時間を日常生活に生かしている。 | ・時刻と時間に進んで関わり，数学的に表現・処理したことを振り返り，数理的な処理のよさに気付き，生活や学習に活用しようとしている。 |

## D　データの活用

### (1)「簡単な表やグラフ」

| 知識・技能 | 思考・判断・表現 | 主体的に学習に取り組む態度 |
|---|---|---|
| ・身の回りにある数量を分類整理し，簡単な表やグラフを用いて表したり読み取ったりすることができる。 | ・データを整理する観点に着目し，身の回りの事象について表やグラフを用いて考察している。 | ・データを整理することに進んで関わり，数学的に表現・処理したことを振り返り，数理的な処理のよさに気付き生活や学習に活用しようとしている。 |

## Ⅲ　第3学年

### 1　第3学年の目標と評価の観点及びその趣旨

| | （1） | （2） | （3） |
|---|---|---|---|
| 目標 | 数の表し方，整数の計算の意味と性質，小数及び分数の意味と表し方，基本的な図形の概念，量の概念，棒グラフなどについて理解し，数量や図形についての感覚を豊かにするとともに，整数などの計算をしたり，図形を構成したり，長さや重さなどを測定したり，表やグラフに表したりすることなどについての技能を身に付けるようにする。 | 数とその表現や数量の関係に着目し，必要に応じて具体物や図などを用いて数の表し方や計算の仕方などを考察する力，平面図形の特徴を図形を構成する要素に着目して捉えたり，身の回りの事象を図形の性質から考察したりする力，身の回りにあるものの特徴を量に着目して捉え，量の単位を用いて的確に表現する力，身の回りの事象をデータの特徴に着目して捉え，簡潔に表現したり適切に判断したりする力などを養う。 | 数量や図形に進んで関わり，数学的に表現・処理したことを振り返り，数理的な処理のよさに気付き生活や学習に活用しようとする態度を養う。 |

（小学校学習指導要領　P.71）

| 観点 | 知識・技能 | 思考・判断・表現 | 主体的に学習に取り組む態度 |
|---|---|---|---|
| 趣旨 | ・数の表し方，整数の計算の意味と性質，小数及び分数の意味と表し方，基本的な図形の概念，量の概念，棒グラフなどについて理解し，数量や図形についての感覚を豊かにしている。<br>・整数などの計算をしたり，図形を構成したり，長さや重さなどを測定したり，表やグラフに表したりすることなどについての技能を身に付けている。 | 数とその表現や数量の関係に着目し，必要に応じて具体物や図などを用いて数の表し方や計算の仕方などを考察する力，平面図形の特徴を図形を構成する要素に着目して捉えたり，身の回りの事象を図形の性質から考察したりする力，身の回りにあるものの特徴を量に着目して捉え，量の単位を用いて的確に表現する力，身の回りの事象をデータの特徴に着目して捉え，簡潔に表現したり適切に判断したりする力などを身に付けている。 | 数量や図形に進んで関わり，数学的に表現・処理したことを振り返り，数理的な処理のよさに気付き生活や学習に活用しようとしている。 |

（改善等通知　別紙4　P.7）

## 2 内容のまとまりごとの評価規準（例）

## A 数と計算

### (1)「数の表し方」

| 知識・技能 | 思考・判断・表現 | 主体的に学習に取り組む態度 |
|---|---|---|
| ・万の単位について知っている。<br>・10 倍，100 倍，1000 倍，$\frac{1}{10}$ の大きさの数及びそれらの表し方について知っている。<br>・数の相対的な大きさについての理解を深めている。 | ・数のまとまりに着目し，大きな数の大きさの比べ方や表し方を考え，日常生活に生かしている。 | ・整数に進んで関わり，数学的に表現・処理したことを振り返り，数理的な処理のよさに気付き生活や学習に活用しようとしている。 |

### (2)「加法，減法」

| 知識・技能 | 思考・判断・表現 | 主体的に学習に取り組む態度 |
|---|---|---|
| ・3 位数や 4 位数の加法及び減法の計算が，2 位数などについての基本的な計算を基にしてできることを理解している。また，それらの筆算の仕方について理解している。<br>・加法及び減法の計算が確実にでき，それらを適切に用いることができる。 | ・数量の関係に着目し，計算の仕方を考えたり計算に関して成り立つ性質を見いだしたりしているとともに，その性質を活用して，計算を工夫したり計算の確かめをしたりしている。 | ・加法及び減法に進んで関わり，数学的に表現・処理したことを振り返り，数理的な処理のよさに気付き生活や学習に活用しようとしている。 |

### (3)「乗法」

| 知識・技能 | 思考・判断・表現 | 主体的に学習に取り組む態度 |
|---|---|---|
| ・2 位数や 3 位数に 1 位数や 2 位数をかける乗法の計算が，乗法九九などの基本的な計算を基にしてできることを理解している。また，その筆算の仕方について理解している。<br>・乗法の計算が確実にでき，それを適切に用いることができる。<br>・乗法に関して成り立つ性質について理解している。 | ・数量の関係に着目し，計算の仕方を考えたり計算に関して成り立つ性質を見いだしたりしているとともに，その性質を活用して，計算を工夫したり計算の確かめをしたりしている。 | ・乗法に進んで関わり，数学的に表現・処理したことを振り返り，数理的な処理のよさに気付き生活や学習に活用しようとしている。 |

## (4)「除法」

| 知識・技能 | 思考・判断・表現 | 主体的に学習に取り組む態度 |
|---|---|---|
| ・除法の意味について理解し、それが用いられる場合について知っている。また、余りについて知っている。<br>・除法が用いられる場面を式に表したり、式を読み取ったりすることができる。<br>・除法と乗法や減法との関係について理解している。<br>・除数と商が共に1位数である除法の計算が確実にできる。<br>・簡単な場合について、除数が1位数で商が2位数の除法の計算の仕方を知っている。 | ・数量の関係に着目し、計算の意味や計算の仕方を考えたり、計算に関して成り立つ性質を見いだしたりしているとともに、その性質を活用して、計算を工夫したり計算の確かめをしたりしている。<br>・数量の関係に着目し、計算を日常生活に生かしている。 | ・除法に進んで関わり、数学的に表現・処理したことを振り返り、数理的な処理のよさに気付き生活や学習に活用しようとしている。 |

## (5)「小数の意味と表し方」

| 知識・技能 | 思考・判断・表現 | 主体的に学習に取り組む態度 |
|---|---|---|
| ・端数部分の大きさを表すのに小数を用いることを知っている。また、小数の表し方及び$\frac{1}{10}$の位について知っている。<br>・$\frac{1}{10}$の位までの小数の加法及び減法の意味について理解し、それらの計算ができることを知っている。 | ・数のまとまりに着目し、小数でも数の大きさを比べたり計算したりできるかどうかを考えているとともに、小数を日常生活に生かしている。 | ・小数に進んで関わり、数学的に表現・処理したことを振り返り、数理的な処理のよさに気付き生活や学習に活用しようとしている。 |

## (6)「分数の意味と表し方」

| 知識・技能 | 思考・判断・表現 | 主体的に学習に取り組む態度 |
|---|---|---|
| ・等分してできる部分の大きさや端数部分の大きさを表すのに分数を用いることを知っている。また、分数の表し方について知っている。<br>・分数が単位分数の幾つ分かで表すことができることを知っ | ・数のまとまりに着目し、分数でも数の大きさを比べたり計算したりできるかどうかを考えているとともに、分数を日常生活に生かしている。 | ・分数に進んで関わり、数学的に表現・処理したことを振り返り、数理的な処理のよさに気付き生活や学習に活用しようとしている。 |

| | |
|---|---|
| ている。 | |
| ・簡単な場合について，分数の加法及び減法の意味について理解し，それらの計算ができることを知っている。 | |

### (7)「数量の関係を表す式」

| 知識・技能 | 思考・判断・表現 | 主体的に学習に取り組む態度 |
|---|---|---|
| ・数量の関係を表す式について理解しているとともに，数量を□などを用いて表し，その関係を式に表したり，□などに数を当てはめて調べたりすることができる。 | ・数量の関係に着目し，数量の関係を図や式を用いて簡潔に表したり，式と図を関連付けて式を読んだりしている。 | ・数量の関係を表す式に進んで関わり，数学的に表現・処理したことを振り返り，数理的な処理のよさに気付き生活や学習に活用しようとしている。 |

### (8)「そろばん」

| 知識・技能 | 思考・判断・表現 | 主体的に学習に取り組む態度 |
|---|---|---|
| ・そろばんによる数の表し方について知っている。<br>・簡単な加法及び減法の計算の仕方について知り，計算している。 | ・そろばんの仕組みに着目し，大きな数や小数の計算の仕方を考えている。 | ・そろばんに進んで関わり，数学的に表現・処理したことを振り返り，数理的な処理のよさに気付き生活や学習に活用しようとしている。 |

### B　図形

### (1)「二等辺三角形，正三角形などの図形」

| 知識・技能 | 思考・判断・表現 | 主体的に学習に取り組む態度 |
|---|---|---|
| ・二等辺三角形，正三角形などについて知り，作図などを通してそれらの関係に次第に着目している。<br>・基本的な図形と関連して角について知っている。<br>・円について，中心，半径，直径を知っている。また，円に関連して，球についても直径などを知っている。 | ・図形を構成する要素に着目し，構成の仕方を考えているとともに，図形の性質を見いだし，身の回りのものの形を図形として捉えている。 | ・図形に進んで関わり，数学的に表現・処理したことを振り返り，数理的な処理のよさに気付き生活や学習に活用しようとしている。 |

## C 測定

### (1)「長さ，重さの単位と測定」

| 知識・技能 | 思考・判断・表現 | 主体的に学習に取り組む態度 |
| --- | --- | --- |
| ・長さの単位（キロメートル（km））及び重さの単位（グラム（g），キログラム（kg））について知り，測定の意味を理解している。<br>・長さや重さについて，適切な単位で表したり，およその見当を付け計器を適切に選んで測定したりしている。 | ・身の回りのものの特徴に着目し，単位の関係を統合的に考察している。 | ・量を比べたり測定したりすることに進んで関わり，数学的に表現・処理したことを振り返り，数理的な処理のよさに気付き生活や学習に活用しようとしている。 |

### (2)「時刻と時間」

| 知識・技能 | 思考・判断・表現 | 主体的に学習に取り組む態度 |
| --- | --- | --- |
| ・秒について知っている。<br>・日常生活に必要な時刻や時間を求めることができる。 | ・時間の単位に着目し，時刻や時間の求め方について考察し，日常生活に生かしている。 | ・時刻と時間を表したり求めたりすることに進んで関わり，数学的に表現・処理したことを振り返り，数理的な処理のよさに気付き生活や学習に活用しようとしている。 |

## D データの活用

### (1)「表と棒グラフ」

| 知識・技能 | 思考・判断・表現 | 主体的に学習に取り組む態度 |
| --- | --- | --- |
| ・日時の観点や場所の観点などからデータを分類整理し，表に表したり読んだりすることができる。<br>・棒グラフの特徴やその用い方を理解している。 | ・データを整理する観点に着目し，身の回りの事象について表やグラフを用いて考察して，見いだしたことを表現している。 | ・データを分析することに進んで関わり，数学的に表現・処理したことを振り返り，数理的な処理のよさに気付き生活や学習に活用しようとしている。 |

## I 第4学年

### 1 第4学年の目標と評価の観点及びその趣旨

| | （1） | （2） | （3） |
|---|---|---|---|
| 目標 | 小数及び分数の意味と表し方，四則の関係，平面図形と立体図形，面積，角の大きさ，折れ線グラフなどについて理解するとともに，整数，小数及び分数の計算をしたり，図形を構成したり，図形の面積や角の大きさを求めたり，表やグラフに表したりすることなどについての技能を身に付けるようにする。 | 数とその表現や数量の関係に着目し，目的に合った表現方法を用いて計算の仕方などを考察する力，図形を構成する要素及びそれらの位置関係に着目し，図形の性質や図形の計量について考察する力，伴って変わる二つの数量やそれらの関係に着目し，変化や対応の特徴を見いだして，二つの数量の関係を表や式を用いて考察する力，目的に応じてデータを収集し，データの特徴や傾向に着目して表やグラフに的確に表現し，それらを用いて問題解決したり，解決の過程や結果を多面的に捉え考察したりする力などを養う。 | 数学的に表現・処理したことを振り返り，多面的に捉え検討してよりよいものを求めて粘り強く考える態度，数学のよさに気付き学習したことを生活や学習に活用しようとする態度を養う。 |

（小学校学習指導要領　P.76）

| 観点 | 知識・技能 | 思考・判断・表現 | 主体的に学習に取り組む態度 |
|---|---|---|---|
| 趣旨 | ・小数及び分数の意味と表し方，四則の関係，平面図形と立体図形，面積，角の大きさ，折れ線グラフなどについて理解している。<br>・整数，小数及び分数の計算をしたり，図形を構成したり，図形の面積や角の大きさを求めたり，表やグラフに表したりすることなどについての技能を身に付けている。 | 数とその表現や数量の関係に着目し，目的に合った表現方法を用いて計算の仕方などを考察する力，図形を構成する要素及びそれらの位置関係に着目し，図形の性質や図形の計量について考察する力，伴って変わる二つの数量やそれらの関係に着目し，変化や対応の特徴を見いだして，二つの数量の関係を表や式を用いて考察する力，目的に応じてデータを収集し，データの特徴や傾向に着目して表やグラ | 数学的に表現・処理したことを振り返り，多面的に捉え検討してよりよいものを求めて粘り強く考えたり，数学のよさに気付き学習したことを生活や学習に活用しようとしたりしている。 |

フに的確に表現し，それらを
用いて問題解決したり，解決
の過程や結果を多面的に捉え
考察したりする力などを身に
付けている。

（改善等通知　別紙4　P.8）

## 2　内容のまとまりごとの評価規準（例）

### A　数と計算

#### (1)「整数の表し方」

| 知識・技能 | 思考・判断・表現 | 主体的に学習に取り組む態度 |
| --- | --- | --- |
| ・億，兆の単位について知り，十進位取り記数法についての理解を深めている。 | ・数のまとまりに着目し，大きな数の大きさの比べ方や表し方を統合的に捉えているとともに，それらを日常生活に生かしている。 | ・整数の表し方について，数学的に表現・処理したことを振り返り，数学のよさに気付き学習したことを生活や学習に活用しようとしたりしている。 |

#### (2)「概数と四捨五入」

| 知識・技能 | 思考・判断・表現 | 主体的に学習に取り組む態度 |
| --- | --- | --- |
| ・概数が用いられる場合について知っている。<br>・四捨五入について知っている。<br>・目的に応じて四則計算の結果の見積りをすることができる。 | ・日常の事象における場面に着目し，目的に合った数の処理の仕方を考えているとともに，それを日常生活に生かしている。 | ・概数について，数学的に表現・処理したことを振り返り，多面的に捉え検討してよりよいものを求めて粘り強く考えたり，数学のよさに気付き学習したことを生活や学習に活用しようとしたりしている。 |

#### (3)「整数の除法」

| 知識・技能 | 思考・判断・表現 | 主体的に学習に取り組む態度 |
| --- | --- | --- |
| ・除数が1位数や2位数で被除数が2位数や3位数の場合の計算が，基本的な計算を基にしてできることを理解している。また，その筆算の仕方について理解している。<br>・除法の計算が確実にでき，それを適切に用いることができ | ・数量の関係に着目し，計算の仕方を考えたり計算に関して成り立つ性質を見いだしたりしているとともに，その性質を活用して，計算を工夫したり計算の確かめをしたりしている。 | ・整数の除法について，数学的に表現・処理したことを振り返り，多面的に捉え検討してよりよいものを求めて粘り強く考えたり，数学のよさに気付き学習したことを生活や学習に活用しようとしたりしている。 |

巻末資料

| 知識・技能 | 思考・判断・表現 | 主体的に学習に取り組む態度 |
|---|---|---|
| る。<br>・除法について，次の関係を理解している。<br>（被除数）<br>＝（除数）×（商）＋（余り）<br>・除法に関して成り立つ性質について理解している。 | | |

## (4) 「小数の仕組みとその計算」

| 知識・技能 | 思考・判断・表現 | 主体的に学習に取り組む態度 |
|---|---|---|
| ・ある量の何倍かを表すのに小数を用いることを知っている。<br>・小数が整数と同じ仕組みで表されていることを知っているとともに，数の相対的な大きさについての理解を深めている。<br>・小数の加法及び減法の計算ができる。<br>・乗数や除数が整数である場合の小数の乗法及び除法の計算ができる。 | ・数の表し方の仕組みや数を構成する単位に着目し，計算の仕方を考えているとともに，それを日常生活に生かしている。 | ・小数とその計算について，数学的に表現・処理したことを振り返り，多面的に捉え検討してよりよいものを求めて粘り強く考えたり，数学のよさに気付き学習したことを生活や学習に活用しようとしたりしている。 |

## (5) 「同分母の分数の加法，減法」

| 知識・技能 | 思考・判断・表現 | 主体的に学習に取り組む態度 |
|---|---|---|
| ・簡単な場合について，大きさの等しい分数があることを知っている。<br>・同分母の分数の加法及び減法の計算ができる。 | ・数を構成する単位に着目し，大きさの等しい分数を探したり，計算の仕方を考えたりしているとともに，それを日常生活に生かしている。 | ・分数とその加法及び減法について，数学的に表現・処理したことを振り返り，多面的に捉え検討してよりよいものを求めて粘り強く考えたり，数学のよさに気付き学習したことを生活や学習に活用しようとしたりしている。 |

## (6) 「数量の関係を表す式」

| 知識・技能 | 思考・判断・表現 | 主体的に学習に取り組む態度 |
|---|---|---|
| ・四則の混合した式や（　）を用いた式について理解し，正 | ・問題場面の数量の関係に着目し，数量の関係を簡潔に，ま | ・数量の関係を表す式について，数学的に表現・処理した |

| 知識・技能 | 思考・判断・表現 | 主体的に学習に取り組む態度 |
|---|---|---|
| しく計算することができる。<br>・公式についての考え方を理解し，公式を用いることができる。<br>・数量を□，△などを用いて表し，その関係を式に表したり，□，△などに数を当てはめて調べたりすることができる。 | た一般的に表現したり，式の意味を読み取ったりしている。 | ことを振り返り，多面的に捉え検討してよりよいものを求めて粘り強く考えたり，数学のよさに気付き学習したことを生活や学習に活用しようとしたりしている。 |

### (7)「四則に関して成り立つ性質」

| 知識・技能 | 思考・判断・表現 | 主体的に学習に取り組む態度 |
|---|---|---|
| ・四則に関して成り立つ性質についての理解を深めている。 | ・数量の関係に着目し，計算に関して成り立つ性質を用いて計算の仕方を考えている。 | ・計算に関して成り立つ性質について，数学的に表現・処理したことを振り返り，数学のよさに気付き学習したことを学習に活用しようとしている。 |

### (8)「そろばん」

| 知識・技能 | 思考・判断・表現 | 主体的に学習に取り組む態度 |
|---|---|---|
| ・加法及び減法の計算をしている。 | ・そろばんの仕組みに着目し，大きな数や小数の計算の仕方を考えている。 | ・そろばんについて，数学的に表現・処理したことを振り返り，数学のよさに気付き学習したことを学習に活用しようとしたりしている。 |

### B　図形

### (1)「平行四辺形，ひし形，台形などの平面図形」

| 知識・技能 | 思考・判断・表現 | 主体的に学習に取り組む態度 |
|---|---|---|
| ・直線の平行や垂直の関係について理解している。<br>・平行四辺形，ひし形，台形について知っている。 | ・図形を構成する要素及びそれらの位置関係に着目し，構成の仕方を考察し図形の性質を見いだしているとともに，その性質を基に既習の図形を捉え直している。 | ・平行四辺形，ひし形，台形などについて，数学的に表現・処理したことを振り返り，多面的に捉え検討してよりよいものを求めて粘り強く考えたり，数学のよさに気付き学習したことを生活や学習に活用しようとしたりしている。 |

## (2) 「立方体，直方体などの立体図形」

| 知識・技能 | 思考・判断・表現 | 主体的に学習に取り組む態度 |
|---|---|---|
| ・立方体，直方体について知っている。<br>・直方体に関連して，直線や平面の平行や垂直の関係について理解している。<br>・見取図，展開図について知っている。 | ・図形を構成する要素及びそれらの位置関係に着目し，立体図形の平面上での表現や構成の仕方を考察し図形の性質を見いだしているとともに，日常の事象を図形の性質から捉え直している。 | ・立方体,直方体などについて，数学的に表現・処理したことを振り返り，多面的に捉え検討してよりよいものを求めて粘り強く考えたり，数学のよさに気付き学習したことを生活や学習に活用しようとしたりしている。 |

## (3) 「ものの位置の表し方」

| 知識・技能 | 思考・判断・表現 | 主体的に学習に取り組む態度 |
|---|---|---|
| ・ものの位置の表し方について理解している。 | ・平面や空間における位置を決める要素に着目し，その位置を数を用いて表現する方法を考察している。 | ・ものの位置について，数学的に表現・処理したことを振り返り，数学のよさに気付き学習したことを生活や学習に活用しようとしたりしている。 |

## (4) 「平面図形の面積」

| 知識・技能 | 思考・判断・表現 | 主体的に学習に取り組む態度 |
|---|---|---|
| ・面積の単位（平方センチメートル（cm²），平方メートル（m²），平方キロメートル（km²））について知っている。<br>・正方形及び長方形の面積の計算による求め方について理解している。 | ・面積の単位や図形を構成する要素に着目し，図形の面積の求め方を考えているとともに，面積の単位とこれまでに学習した単位との関係を考察している。 | ・平面図形の面積について，数学的に表現・処理したことを振り返り，多面的に捉え検討してよりよいものを求めて粘り強く考えたり，数学のよさに気付き学習したことを生活や学習に活用しようとしたりしている。 |

## (5) 「角の大きさ」

| 知識・技能 | 思考・判断・表現 | 主体的に学習に取り組む態度 |
|---|---|---|
| ・角の大きさを回転の大きさとして捉えている。<br>・角の大きさの単位（度（°））について知り，角の大きさを測定することができる。 | ・図形の角の大きさに着目し，角の大きさを柔軟に表現したり，図形の考察に生かしたりしている。 | ・角の大きさについて，数学的に表現・処理したことを振り返り，多面的に捉え検討してよりよいものを求めて粘り強く考えたり，数学のよさに気付き学習したことを生活や学 |

巻末
資料

## C 変化と関係

### (1)「伴って変わる二つの数量」

| 知識・技能 | 思考・判断・表現 | 主体的に学習に取り組む態度 |
| --- | --- | --- |
| ・変化の様子を表や式，折れ線グラフを用いて表したり，変化の特徴を読み取ったりすることができる。 | ・伴って変わる二つの数量を見いだして，それらの関係に着目し，表や式を用いて変化や対応の特徴を考察している。 | ・伴って変わる二つの数量について，数学的に表現・処理したことを振り返り，多面的に捉え検討してよりよいものを求めて粘り強く考えたり，数学のよさに気付き学習したことを生活や学習に活用しようとしたりしている。 |

### (2)「簡単な場合についての割合」

| 知識・技能 | 思考・判断・表現 | 主体的に学習に取り組む態度 |
| --- | --- | --- |
| ・簡単な場合について，ある二つの数量の関係と別の二つの数量の関係とを比べる場合に割合を用いる場合があることを知っている。 | ・日常の事象における数量の関係に着目し，図や式などを用いて，ある二つの数量の関係と別の二つの数量の関係との比べ方を考察している。 | ・二つの数量の関係について，数学的に表現・処理したことを振り返り，多面的に捉え検討してよりよいものを求めて粘り強く考えたり，数学のよさに気付き学習したことを生活や学習に活用しようとしたりしている。 |

## D データの活用

### (1)「データの分類整理」

| 知識・技能 | 思考・判断・表現 | 主体的に学習に取り組む態度 |
| --- | --- | --- |
| ・データを二つの観点から分類整理する方法を知っている。<br>・折れ線グラフの特徴とその用い方を理解している。 | ・目的に応じてデータを集めて分類整理し，データの特徴や傾向に着目し，問題を解決するために適切なグラフを選択して判断し，その結論について考察している。 | ・データの収集とその分析について，数学的に表現・処理したことを振り返り，多面的に捉え検討してよりよいものを求めて粘り強く考えたり，数学のよさに気付き学習したことを生活や学習に活用しようとしたりしている。 |

## V 第5学年

### 1 第5学年の目標と評価の観点及びその趣旨

| | （1） | （2） | （3） |
|---|---|---|---|
| 目標 | 整数の性質，分数の意味，小数と分数の計算の意味，面積の公式，図形の意味と性質，図形の体積，速さ，割合，帯グラフなどについて理解するとともに，小数や分数の計算をしたり，図形の性質を調べたり，図形の面積や体積を求めたり，表やグラフに表したりすることなどについての技能を身に付けるようにする。 | 数とその表現や計算の意味に着目し，目的に合った表現方法を用いて数の性質や計算の仕方などを考察する力，図形を構成する要素や図形間の関係などに着目し，図形の性質や図形の計量について考察する力，伴って変わる二つの数量やそれらの関係に着目し，変化や対応の特徴を見いだして，二つの数量の関係を表や式を用いて考察する力，目的に応じてデータを収集し，データの特徴や傾向に着目して表やグラフに的確に表現し，それらを用いて問題解決したり，解決の過程や結果を多面的に捉え考察したりする力などを養う。 | 数学的に表現・処理したことを振り返り，多面的に捉え検討してよりよいものを求めて粘り強く考える態度，数学のよさに気付き学習したことを生活や学習に活用しようとする態度を養う。 |

（小学校学習指導要領　P.82）

| 観点 | 知識・技能 | 思考・判断・表現 | 主体的に学習に取り組む態度 |
|---|---|---|---|
| 趣旨 | ・整数の性質，分数の意味，小数と分数の計算の意味，面積の公式，図形の意味と性質，図形の体積，速さ，割合，帯グラフなどについて理解している。<br>・小数や分数の計算をしたり，図形の性質を調べたり，図形の面積や体積を求めたり，表やグラフに表したりすることなどについての技能を身に付けている。 | 数とその表現や計算の意味に着目し，目的に合った表現方法を用いて数の性質や計算の仕方などを考察する力，図形を構成する要素や図形間の関係などに着目し，図形の性質や図形の計量について考察する力，伴って変わる二つの数量やそれらの関係に着目し，変化や対応の特徴を見いだして，二つの数量の関係を表や式を用いて考察する力，目的に応じてデータを収集し，デ | 数学的に表現・処理したことを振り返り，多面的に捉え検討してよりよいものを求めて粘り強く考えたり，数学のよさに気付き学習したことを生活や学習に活用しようとしたりしている。 |

巻末資料

一タの特徴や傾向に着目して
表やグラフに的確に表現し，
それらを用いて問題解決した
り，解決の過程や結果を多面
的に捉え考察したりする力な
どを身に付けている。

（改善等通知　別紙4　P. 8）

## 2　内容のまとまりごとの評価規準（例）

## A　数と計算

### (1)「整数の性質」

| 知識・技能 | 思考・判断・表現 | 主体的に学習に取り組む態度 |
|---|---|---|
| ・整数は，観点を決めると偶数と奇数に類別されることを知っている。<br>・約数，倍数について知っている。 | ・乗法及び除法に着目し，観点を決めて整数を類別する仕方を考えたり，数の構成について考察したりしているとともに，日常生活に生かしている。 | ・整数の性質や構成を調べることについて，数学的に表現・処理したことを振り返り，多面的に捉え検討してよりよいものを求めて粘り強く考えたり，数学のよさに気付き学習したことを生活や学習に活用しようとしたりしている。 |

### (2)「整数，小数の記数法」

| 知識・技能 | 思考・判断・表現 | 主体的に学習に取り組む態度 |
|---|---|---|
| ・ある数の10倍，100倍，1000倍，$\frac{1}{10}$，$\frac{1}{100}$などの大きさの数を，小数点の位置を移してつくることができる。 | ・数の表し方の仕組みに着目し，数の相対的な大きさを考察し，計算などに有効に生かしている。 | ・整数や小数について，数学のよさに気付き学習したことを生活や学習に活用しようとしたりしている。 |

### (3)「小数の乗法，除法」

| 知識・技能 | 思考・判断・表現 | 主体的に学習に取り組む態度 |
|---|---|---|
| ・乗数や除数が小数である場合の小数の乗法及び除法の意味について理解している。<br>・小数の乗法及び除法の計算ができる。また，余りの大きさについて理解している。<br>・小数の乗法及び除法についても整数の場合と同じ関係や法 | ・乗法及び除法の意味に着目し，乗数や除数が小数である場合まで数の範囲を広げて乗法及び除法の意味を捉え直しているとともに，それらの計算の仕方を考えたり，それらを日常生活に生かしたりしている。 | ・小数の乗法及び除法について，数学的に表現・処理したことを振り返り，多面的に捉え検討してよりよいものを求めて粘り強く考えたり，数学のよさに気付き学習したことを生活や学習に活用しようとしたりしている。 |

| 知識・技能 | 思考・判断・表現 | 主体的に学習に取り組む態度 |
|---|---|---|
| 則が成り立つことを理解している。 | | |

## (4)「分数の意味と表し方」

| 知識・技能 | 思考・判断・表現 | 主体的に学習に取り組む態度 |
|---|---|---|
| ・整数及び小数を分数の形に直したり，分数を小数で表したりすることができる。<br>・整数の除法の結果は，分数を用いると常に一つの数として表すことができることを理解している。<br>・一つの分数の分子及び分母に同じ数を乗除してできる分数は，元の分数と同じ大きさを表すことを理解している。<br>・分数の相等及び大小について知り，大小を比べることができる。 | ・数を構成する単位に着目し，数の相等及び大小関係について考察している。<br>・分数の表現に着目し，除法の結果の表し方を振り返り，分数の意味をまとめている。 | ・分数について，数学的に表現・処理したことを振り返り，多面的に捉え検討してよりよいものを求めて粘り強く考えたり，数学のよさに気付き学習したことを生活や学習に活用しようとしたりしている。 |

## (5)「分数の加法，減法」

| 知識・技能 | 思考・判断・表現 | 主体的に学習に取り組む態度 |
|---|---|---|
| ・異分母の分数の加法及び減法の計算ができる。 | ・分数の意味や表現に着目し，計算の仕方を考えている。 | ・異分母の分数の加法及び減法について，数学的に表現・処理したことを振り返り，多面的に捉え検討してよりよいものを求めて粘り強く考えたり，数学のよさに気付き学習したことを学習に活用しようとしたりしている。 |

## (6)「数量の関係を表す式」

| 知識・技能 | 思考・判断・表現 | 主体的に学習に取り組む態度 |
|---|---|---|
| ・数量の関係を表す式についての理解を深めている。 | ・二つの数量の対応や変わり方に着目し，簡単な式で表されている関係について考察している。 | ・数量の関係を表す式について，数学的に表現・処理したことを振り返り，多面的に捉え検討してよりよいものを求めて粘り強く考えたり，数学 |

| | | のよさに気付き学習したことを生活や学習に活用しようとしたりしている。 |
| --- | --- | --- |

## B 図形

### (1)「平面図形の性質」

| 知識・技能 | 思考・判断・表現 | 主体的に学習に取り組む態度 |
| --- | --- | --- |
| ・図形の形や大きさが決まる要素について理解しているとともに，図形の合同について理解している。<br>・三角形や四角形など多角形についての簡単な性質を理解している。<br>・円と関連させて正多角形の基本的な性質を知っている。<br>・円周率の意味について理解し，それを用いることができる。 | ・図形を構成する要素及び図形間の関係に着目し，構成の仕方を考察したり，図形の性質を見いだし，その性質を筋道を立てて考え説明したりしている。 | ・平面図形について，数学的に表現・処理したことを振り返り，多面的に捉え検討してよりよいものを求めて粘り強く考えたり，数学のよさに気付き学習したことを生活や学習に活用しようとしたりしている。 |

### (2)「立体図形の性質」

| 知識・技能 | 思考・判断・表現 | 主体的に学習に取り組む態度 |
| --- | --- | --- |
| ・基本的な角柱や円柱について知っている。 | ・図形を構成する要素に着目し，図形の性質を見いだしているとともに，その性質を基に既習の図形を捉え直している。 | ・角柱や円柱について，数学的に表現・処理したことを振り返り，多面的に捉え検討してよりよいものを求めて粘り強く考えたり，数学のよさに気付き学習したことを生活や学習に活用しようとしたりしている。 |

### (3)「平面図形の面積」

| 知識・技能 | 思考・判断・表現 | 主体的に学習に取り組む態度 |
| --- | --- | --- |
| ・三角形，平行四辺形，ひし形，台形の面積の計算による求め方について理解している。 | ・図形を構成する要素などに着目して，基本図形の面積の求め方を見いだしているとともに，その表現を振り返り，簡潔かつ的確な表現に高め，公 | ・三角形，平行四辺形，ひし形，台形の面積の求め方について，数学的に表現・処理したことを振り返り，多面的に捉え検討してよりよいものを求 |

| | | |
|---|---|---|
| | 式として導いている。 | めて粘り強く考えたり，数学のよさに気付き学習したことを生活や学習に活用しようとしたりしている。 |

### (4) 「立体図形の体積」

| 知識・技能 | 思考・判断・表現 | 主体的に学習に取り組む態度 |
|---|---|---|
| ・体積の単位（立方センチメートル（cm³），立方メートル（m³））について知っている。<br>・立方体及び直方体の体積の計算による求め方について理解している。 | ・体積の単位や図形を構成する要素に着目し，図形の体積の求め方を考えているとともに，体積の単位とこれまでに学習した単位との関係を考察している。 | ・立方体や直方体の体積の求め方について，数学的に表現・処理したことを振り返り，多面的に捉え検討してよりよいものを求めて粘り強く考えたり，数学のよさに気付き学習したことを生活や学習に活用しようとしたりしている。 |

## C　変化と関係

### (1) 「伴って変わる二つの数量の関係」

| 知識・技能 | 思考・判断・表現 | 主体的に学習に取り組む態度 |
|---|---|---|
| ・簡単な場合について，比例の関係があることを知っている。 | ・伴って変わる二つの数量を見いだして，それらの関係に着目して表や式を用いて変化や対応の特徴を考察している。 | ・伴って変わる二つの数量について，数学的に表現・処理したことを振り返り，多面的に捉え検討してよりよいものを求めて粘り強く考えたり，数学のよさに気付き学習したことを生活や学習に活用しようとしたりしている。 |

### (2) 「異種の二つの量の割合」

| 知識・技能 | 思考・判断・表現 | 主体的に学習に取り組む態度 |
|---|---|---|
| ・速さなど単位量当たりの大きさの意味及び表し方について理解し，それを求めることができる。 | ・異種の二つの量の割合として捉えられる数量の関係に着目し，目的に応じて大きさを比べたり表現したりする方法を考察し，それらを日常生活に生かしている。 | ・異種の二つの量の割合として捉えられる数量について，数学的に表現・処理したことを振り返り，多面的に捉え検討してよりよいものを求めて粘り強く考えたり，数学のよさに気付き学習したことを生活や学習に活用しようとしたり |

巻末
資料

| | | している。 |
|---|---|---|

### (3)「割合」

| 知識・技能 | 思考・判断・表現 | 主体的に学習に取り組む態度 |
|---|---|---|
| ・ある二つの数量の関係と別の二つの数量の関係とを比べる場合に割合を用いる場合があることを理解している。<br>・百分率を用いた表し方を理解し，割合などを求めることができる。 | ・日常の事象における数量の関係に着目し，図や式などを用いて，ある二つの数量の関係と別の二つの数量の関係との比べ方を考察し，それを日常生活に生かしている。 | ・二つの数量の関係について，数学的に表現・処理したことを振り返り，多面的に捉え検討してよりよいものを求めて粘り強く考えたり，数学のよさに気付き学習したことを生活や学習に活用しようとしたりしている。 |

## D　データの活用

### (1)「円グラフと帯グラフ」

| 知識・技能 | 思考・判断・表現 | 主体的に学習に取り組む態度 |
|---|---|---|
| ・円グラフや帯グラフの特徴とそれらの用い方を理解している。<br>・データの収集や適切な手法の選択など統計的な問題解決の方法を知っている。 | ・目的に応じてデータを集めて分類整理し，データの特徴や傾向に着目し，問題を解決するために適切なグラフを選択して判断し，その結論について多面的に捉え考察している。 | ・データの収集とその分析について，数学的に表現・処理したことを振り返り，多面的に捉え検討してよりよいものを求めて粘り強く考えたり，数学のよさに気付き学習したことを生活や学習に活用しようとしたりしている。 |

### (2)「測定値の平均」

| 知識・技能 | 思考・判断・表現 | 主体的に学習に取り組む態度 |
|---|---|---|
| ・平均の意味について理解している。 | ・概括的に捉えることに着目し，測定した結果を平均する方法について考察し，それを学習や日常生活に生かしている。 | ・平均について，数学的に表現・処理したことを振り返り，多面的に捉え検討してよりよいものを求めて粘り強く考えたり，数学のよさに気付き学習したことを生活や学習に活用しようとしたりしている。 |

巻末資料

## 1　第6学年の目標と評価の観点及びその趣旨

| | （1） | （2） | （3） |
|---|---|---|---|
| 目標 | 分数の計算の意味，文字を用いた式，図形の意味，図形の体積，比例，度数分布を表す表などについて理解するとともに，分数の計算をしたり，図形を構成したり，図形の面積や体積を求めたり，表やグラフに表したりすることなどについての技能を身に付けるようにする。 | 数とその表現や計算の意味に着目し，発展的に考察して問題を見いだすとともに，目的に応じて多様な表現方法を用いながら数の表し方や計算の仕方などを考察する力，図形を構成する要素や図形間の関係などに着目し，図形の性質や図形の計量について考察する力，伴って変わる二つの数量やそれらの関係に着目し，変化や対応の特徴を見いだして，二つの数量の関係を表や式，グラフを用いて考察する力，身の回りの事象から設定した問題について，目的に応じてデータを収集し，データの特徴や傾向に着目して適切な手法を選択して分析を行い，それらを用いて問題解決したり，解決の過程や結果を批判的に考察したりする力などを養う。 | 数学的に表現・処理したことを振り返り，多面的に捉え検討してよりよいものを求めて粘り強く考える態度，数学のよさに気付き学習したことを生活や学習に活用しようとする態度を養う。 |

（小学校学習指導要領　PP. 87～88）

| 観点 | 知識・技能 | 思考・判断・表現 | 主体的に学習に取り組む態度 |
|---|---|---|---|
| 趣旨 | ・分数の計算の意味，文字を用いた式，図形の意味，図形の体積，比例，度数分布を表す表などについて理解している。<br>・分数の計算をしたり，図形を構成したり，図形の面積や体積を求めたり，表やグラフに表したりすることなどについ | 数とその表現や計算の意味に着目し，発展的に考察して問題を見いだすとともに，目的に応じて多様な表現方法を用いながら数の表し方や計算の仕方などを考察する力，図形を構成する要素や図形間の関係などに着目し，図形の性質や図形の計量について考察す | 数学的に表現・処理したことを振り返り，多面的に捉え検討してよりよいものを求めて粘り強く考えたり，数学のよさに気付き学習したことを生活や学習に活用しようとしたりしている。 |

巻末
資料

- 113 -

| | | |
|---|---|---|
| ての技能を身に付けている。 | る力，伴って変わる二つの数量やそれらの関係に着目し，変化や対応の特徴を見いだして，二つの数量の関係を表や式，グラフを用いて考察する力，身の回りの事象から設定した問題について，目的に応じてデータを収集し，データの特徴や傾向に着目して適切な手法を選択して分析を行い，それらを用いて問題解決したり，解決の過程や結果を批判的に考察したりする力などを身に付けている。 | |

（改善等通知　別紙4　P.9）

## 2　内容のまとまりごとの評価規準（例）

### A　数と計算

#### (1)「分数の乗法，除法」

| 知識・技能 | 思考・判断・表現 | 主体的に学習に取り組む態度 |
|---|---|---|
| ・乗数や除数が整数や分数である場合も含めて，分数の乗法及び除法の意味について理解している。<br>・分数の乗法及び除法の計算ができる。<br>・分数の乗法及び除法についても，整数の場合と同じ関係や法則が成り立つことを理解している。 | ・数の意味と表現，計算について成り立つ性質に着目し，計算の仕方を多面的に捉え考えている。 | ・分数の乗法及び除法について，数学的に表現・処理したことを振り返り，多面的に捉え検討してよりよいものを求めて粘り強く考えたり，数学のよさに気付き学習したことを生活や学習に活用しようとしたりしている。 |

#### (2)「文字を用いた式」

| 知識・技能 | 思考・判断・表現 | 主体的に学習に取り組む態度 |
|---|---|---|
| ・数量を表す言葉や□，△などの代わりに，$a$，$x$などの文字を用いて式に表したり，文字に数を当てはめて調べたりすることができる。 | ・問題場面の数量の関係に着目し，数量の関係を簡潔かつ一般的に表現したり，式の意味を読み取ったりしている。 | ・数量の関係を表す式について，数学的に表現・処理したことを振り返り，多面的に捉え検討してよりよいものを求めて粘り強く考えたり，数学 |

| | | のよさに気付き学習したこと を生活や学習に活用しようと したりしている。 |
| --- | --- | --- |

## B 図形

### (1)「縮図や拡大図，対称な図形」

| 知識・技能 | 思考・判断・表現 | 主体的に学習に取り組む態度 |
| --- | --- | --- |
| ・縮図や拡大図について理解している。<br>・対称な図形について理解している。 | ・図形を構成する要素及び図形間の関係に着目し，構成の仕方を考察したり図形の性質を見いだしたりしているとともに，その性質を基に既習の図形を捉え直したり日常生活に生かしたりしている。 | ・縮図や拡大図及び対称な図形について，数学的に表現・処理したことを振り返り，多面的に捉え検討してよりよいものを求めて粘り強く考えたり，数学のよさに気付き学習したことを生活や学習に活用しようとしたりしている。 |

### (2)「概形とおよその面積」

| 知識・技能 | 思考・判断・表現 | 主体的に学習に取り組む態度 |
| --- | --- | --- |
| ・身の回りにある形について，その概形を捉え，およその面積などを求めることができる。 | ・図形を構成する要素や性質に着目し，筋道を立てて面積などの求め方を考え，それを日常生活に生かしている。 | ・身の回りにある形の概形やおよその面積などについて，数学的に表現・処理したことを振り返り，多面的に捉え検討してよりよいものを求めて粘り強く考えたり，数学のよさに気付き学習したことを生活や学習に活用しようとしたりしている。 |

### (3)「円の面積」

| 知識・技能 | 思考・判断・表現 | 主体的に学習に取り組む態度 |
| --- | --- | --- |
| ・円の面積の計算による求め方について理解している。 | ・図形を構成する要素などに着目し，基本図形の面積の求め方を見いだしているとともに，その表現を振り返り，簡潔かつ的確な表現に高め，公式として導いている。 | ・円の面積について，数学的に表現・処理したことを振り返り，多面的に捉え検討してよりよいものを求めて粘り強く考えたり，数学のよさに気付き学習したことを生活や学習に活用しようとしたりしている。 |

巻末資料

## （4）「角柱及び円柱の体積」

| 知識・技能 | 思考・判断・表現 | 主体的に学習に取り組む態度 |
| --- | --- | --- |
| ・基本的な角柱及び円柱の体積の計算による求め方について理解している。 | ・図形を構成する要素に着目し，基本図形の体積の求め方を見いだしているとともに，その表現を振り返り，簡潔かつ的確な表現に高め，公式として導いている。 | ・立体図形の体積について，数学的に表現・処理したことを振り返り，多面的に捉え検討してよりよいものを求めて粘り強く考えたり，数学のよさに気付き学習したことを生活や学習に活用しようとしたりしている。 |

## C　変化と関係

### （1）「比例」

| 知識・技能 | 思考・判断・表現 | 主体的に学習に取り組む態度 |
| --- | --- | --- |
| ・比例の関係の意味や性質を理解している。<br>・比例の関係を用いた問題解決の方法について知っている。<br>・反比例の関係について知っている。 | ・伴って変わる二つの数量を見いだして，それらの関係に着目し，目的に応じて表や式，グラフを用いてそれらの関係を表現して，変化や対応の特徴を見いだしているとともに，それらを日常生活に生かしている。 | ・伴って変わる二つの数量について，数学的に表現・処理したことを振り返り，多面的に捉え検討してよりよいものを求めて粘り強く考えたり，数学のよさに気付き学習したことを生活や学習に活用しようとしたりしている。 |

### （2）「比」

| 知識・技能 | 思考・判断・表現 | 主体的に学習に取り組む態度 |
| --- | --- | --- |
| ・比の意味や表し方を理解し，数量の関係を比で表したり，等しい比をつくったりすることができる。 | ・日常の事象における数量の関係に着目し，図や式などを用いて数量の関係の比べ方を考察し，それを日常生活に生かしている。 | ・二つの数量の関係について，数学的に表現・処理したことを振り返り，多面的に捉え検討してよりよいものを求めて粘り強く考えたり，数学のよさに気付き学習したことを生活や学習に活用しようとしたりしている。 |

巻末資料

## D　データの活用

### (1)「データの考察」

| 知識・技能 | 思考・判断・表現 | 主体的に学習に取り組む態度 |
|---|---|---|
| ・代表値の意味や求め方を理解している。<br>・度数分布を表す表やグラフの特徴及びそれらの用い方を理解している。<br>・目的に応じてデータを収集したり適切な手法を選択したりするなど，統計的な問題解決の方法を知っている。 | ・目的に応じてデータを集めて分類整理し，データの特徴や傾向に着目し，代表値などを用いて問題の結論について判断しているとともに，その妥当性について批判的に考察している。 | ・データを収集したり分析したりすることについて，数学的に表現・処理したことを振り返り，多面的に捉え検討してよりよいものを求めて粘り強く考えたり，数学のよさに気付き学習したことを生活や学習に活用しようとしたりしている。 |

### (2)「起こり得る場合」

| 知識・技能 | 思考・判断・表現 | 主体的に学習に取り組む態度 |
|---|---|---|
| ・起こり得る場合を順序よく整理するための図や表などの用い方を知っている。 | ・事象の特徴に着目し，順序よく整理する観点を決めて，落ちや重なりなく調べる方法を考察している。 | ・起こり得る場合について，数学的に表現・処理したことを振り返り，多面的に捉え検討してよりよいものを求めて粘り強く考えたり，数学のよさに気付き学習したことを生活や学習に活用しようとしたりしている。 |

## 小学校算数科における「具体的な内容のまとまりごとの評価規準（例）」（※ P39 参照）

### I　第1学年

### A　数と計算

### (1)「数の構成と表し方」

| 知識・技能 | 思考・判断・表現 | 主体的に学習に取り組む態度 |
|---|---|---|
| ・ものとものとを対応させることによって，ものの個数を比べることができる。<br>・個数や順番を正しく数えたり表したりすることができる。<br>・数の大小や順序を考えることによって，数の系列を作ったり，数直線の上に表したりすることができる。<br>・一つの数をほかの数の和や差としてみるなど，ほかの数と関係付けてみることができる。<br>・2位数の表し方について理解している。<br>・簡単な場合について，3位数の表し方を理解している。<br>・数を，十を単位としてみることができる。<br>・具体物をまとめて数えたり等分したりして整理し，表すことができる。 | ・2ずつや5ずつ，10ずつなどの数のまとまりを用いて，数の数え方を考えている。<br>・「10とあと幾つ」などの数の見方を用いて，数の比べ方を考えている。<br>・数の大きさの比べ方や数え方を日常生活に生かす具体的な場面を見いだしている。 | ・身の回りにあるものの個数や順番に親しみ，大きさを比べたり数えたりしようとしている。<br>・ものの個数や順番を数を用いて表すことで，日々の生活が効率的になったり豊かになったりするというよさに気付いている。 |

### (2)「加法，減法」

| 知識・技能 | 思考・判断・表現 | 主体的に学習に取り組む態度 |
|---|---|---|
| ・加法及び減法の意味について理解し，それらが用いられる場合について知っている。<br>・合併や増加，求残や求差など，加法及び減法が用いられる場面を式に表したり，式を読み | ・ある場面が加法及び減法が用いることができるかどうかを，数量の関係に着目して，具体物や図などを用いて考えている。<br>・日常生活の問題を加法及び減 | ・加法及び減法が用いられる場面の数量の関係を具体物や図などを用いて考えようとしている。<br>・加法及び減法の場面を身の回りから見付け，加法及び減法 |

- 118 -

| 知識・技能 | 思考・判断・表現 | 主体的に学習に取り組む態度 |
|---|---|---|
| 取ったりすることができる。 | 法を活用して解決している。 | を用いようとしている。 |
| ・1位数と1位数との加法及びその逆の減法の計算が確実にできる。<br>・「10が幾つ」や「10とあと幾つ」という数の見方などを用いると，簡単な場合について，2位数などの加法及び減法ができることを知っている。 | ・和が10より大きい数になる加法及びその逆の減法について，「10とあと幾つ」という数の見方を用いて，計算の仕方を考えている。 | ・学習したことをもとに，和が10より大きい数になる加法及びその逆の減法の計算の仕方を考えようとしている。 |

## B　図形

### (1)「図形についての理解の基礎」

| 知識・技能 | 思考・判断・表現 | 主体的に学習に取り組む態度 |
|---|---|---|
| ・身の回りにあるものの形について，「さんかく」，「しかく」，「まる」などの形を見付けることができる。また，平ら，丸い，かどがあるなどの形の特徴やころがる，重ねられるなどの形の機能的な特徴を知っている。<br>・積み木や箱，色板などを用いて，身の回りにある具体物の形を作ったり，作った形から逆に具体物を想像したりすることができる。<br>・身の回りにあるものの形について，観察したり，構成したり，分解したりする活動を通して図形についての理解の基礎となる経験を豊かにしている。<br>・前後，左右，上下など方向や位置についての言葉を用いて，ものの位置を表すことができる。 | ・身の回りにある具体物の中から，色や大きさ，位置や材質などを捨象し，形を認め，形の特徴を捉えている。<br>・ずらす，回す，裏返すなどの具体的な操作を通して，形のもつ性質や特徴を生かした形の構成について考えている。 | ・身の回りにあるものの形に親しみ，観察したり，構成したり，分解したりしようとしている。<br>・箱の形や筒の形，ボールの形などを身の回りから見付けようとしている。<br>・「さんかく」，「しかく」，「まる」などの形を身の回りから見付けようとしている。 |

## C　測定

### (1)「量と測定についての理解の基礎」

| 知識・技能 | 思考・判断・表現 | 主体的に学習に取り組む態度 |
|---|---|---|
| ・長さ，広さ，かさを，具体的な操作によって直接比べたり，他のものを用いて比べたりすることができる。<br>・身の回りにあるものの大きさを単位として，その幾つ分かで大きさを比べることができる。<br>・身の回りにあるものの長さ，広さ，かさの大小をとらえるなど，量（長さ，広さ，かさ）の大きさについて感覚を豊かにしている。 | ・身の回りのものの特徴の中で，比べたい量に着目し，量の大きさの比べ方を考え，比べ方を見いだしている。 | ・身の回りにあるものの長さ，広さ，かさに親しみ，大きさを比較しようとしている。<br>・媒介物を用いて大きさを比べることで，直接には比べられないものが比べられるようになるというよさに気付いている。<br>・身の回りにあるものの大きさを単位としてその幾つ分かで数値化することで，大きさの違いを明確にすることができるよさに気付いている。 |

### (2)「時刻の読み方」

| 知識・技能 | 思考・判断・表現 | 主体的に学習に取り組む態度 |
|---|---|---|
| ・時計の長針，短針を見て，時刻を読むことができる。 | ・時刻の読み方を用いて，時刻と日常生活を関連付けている。 | ・時刻を用いることで日常生活の行動に生かせるというよさに気付き，日常生活の中で時刻を用いようとしている。 |

## D　データの活用

### (1)「絵や図を用いた数量の表現」

| 知識・技能 | 思考・判断・表現 | 主体的に学習に取り組む態度 |
|---|---|---|
| ・ものの個数について，簡単な絵や図などに表したり，それらを読み取ったりすることができる。<br>・対象を絵などに置き換える際には，それらの大きさをそろえることや，並べる際に均等に配置することが必要であることを理解している。 | ・身の回りの事象について，絵や図などを用いて整理して表すことで，どの項目のデータの個数がどの程度多いかという事象の特徴を捉えている。 | ・ものの個数を絵や図などに整理して表すことを，楽しんで学んでいる。 |

## Ⅱ 第2学年

### A 数と計算

#### (1)「数の構成と表し方」

| 知識・技能 | 思考・判断・表現 | 主体的に学習に取り組む態度 |
|---|---|---|
| ・ものの個数を，2ずつ，5ずつ，10ずつまとめて数えたり，分類して数えたりすることができる。<br>・4位数までの数について，十進位取り記数法による数の表し方及び数の大小や順序について理解している。<br>・4位数までの数について，書いたり読んだりすることができる。<br>・二つの数の大小関係を「＞」，「＜」を用いて表すことができる。<br>・4位数までの数について，数を十や百を単位として捉えることができる。<br>・一つの数をほかの数の積と捉えることができる。<br>・身の回りに，整数が分類整理に使われていることを理解している。<br>・$\frac{1}{2}$，$\frac{1}{3}$ など簡単な分数について知っている。 | ・ものの個数を実際に数え，図に表すなどして，十進位取り記数法の仕組みによる数の表し方を考えている。<br>・4位数までの数について，数のまとまりに着目し，数の比べ方を考えている。<br>・数の相対的な大きさをとらえたり，一つの数をほかの数の積としてみたりするなど，数を多面的にとらえている。<br>・12個を3等分した場面などを「12個の $\frac{1}{3}$ は4個」などと表現している。 | ・身の回りのものの個数を10や100のまとまりにして数えたり，数えたものを数字を使って書いたり読んだりしようとしている。<br>・4位数までの数について，簡潔・明瞭・的確に数えようとしている。<br>・身の回りから，整数が使われている場面を見付けようとしている。 |

#### (2)「加法，減法」

| 知識・技能 | 思考・判断・表現 | 主体的に学習に取り組む態度 |
|---|---|---|
| ・2位数の加法及びその逆の減法の計算が1位数などについての基本的な計算を基にしてできることを理解している。<br>・2位数の加法及びその逆の減法の筆算の仕方について理解している。 | ・2位数の加法及びその逆の減法の計算の仕方を考えている。<br>・2位数の加法及びその逆の減法の計算の仕方と筆算の仕方を関連付けて考えている。 | ・2位数の加法及びその逆の減法の計算の仕方を考えようとしている。<br>・2位数の加法及びその逆の減法の計算を生活や学習に活用しようとしている。 |

| 知識・技能 | 思考・判断・表現 | 主体的に学習に取り組む態度 |
|---|---|---|
| ・2位数の加法及びその逆の減法の計算が確実にできる。<br>・簡単な場合について，3位数などの加法及び減法の計算の仕方を知っている。<br>・加法及び減法に関して成り立つ性質について理解している。<br>・加法と減法は互いに逆の関係になっているなど，加法と減法の相互関係について理解している。 | ・簡単な場合について，3位数などの加法及び減法の計算の仕方を考えている。<br>・加法及び減法に関して成り立つ性質を調べ，それを用いて，計算の仕方を考えたり，計算の確かめをしたりしている。<br>・加法と減法の相互関係について，図を基に考え，式で表現している。 | ・簡単な場合について，3位数などの加法及び減法の計算の仕方を考えようとしている。<br>・加法及び減法に関して成り立つ性質を用いて，計算の仕方を考えたり計算の確かめをしたりすることを通して，そのよさに気付いている。<br>・加法と減法の相互関係を考察するのに用いる図のよさに気付いている。 |

## (3)「乗法」

| 知識・技能 | 思考・判断・表現 | 主体的に学習に取り組む態度 |
|---|---|---|
| ・乗法は，一つ分の大きさが決まっているときに，その幾つ分かに当たる大きさを求める場合に用いられるなど，乗法の意味について理解し，それが用いられる場合について知っている。<br>・乗法は累加で答えを求めることができることを理解している。<br>・乗法が用いられる場面を式に表したり，式を読み取ったりすることができる。<br>・交換法則など乗法に関して成り立つ簡単な性質を図を用いて理解している。<br>・乗法九九について知り，1位数と1位数との乗法の計算が確実にできる。<br>・簡単な場合について，2位数と1位数との乗法の計算の仕方を知っている。 | ・乗法が用いられる場面を，具体物や図などを用いて考え，式に表したり，乗法の式を，具体的な場面に結び付けてとらえたりしている。<br>・計算の仕方を振り返り，乗法に関して成り立つ簡単な性質を見いだしたり，それを基に乗法を構成したりしている。<br>・日常生活の問題や算数の問題，情報過多の問題，算数以外の教科等の問題などを，乗法を活用して解決している。<br>・既習の乗法やその構成の方法を基に，簡単な場合について，2位数と1位数との乗法の計算の仕方を考えている。 | ・累加の簡潔な表現としての乗法のよさに気付き，ものの総数を乗法を用いて表そうとしている。<br>・一つ分の大きさが決まっているときに，その幾つ分かに当たる大きさを求める場合に，乗法を用いるとその総数を簡潔に求めることができるというよさに気付き，乗法の場面を身の回りから見付け，乗法を用いようとしている。<br>・累加や乗法に関して成り立つ簡単な性質を用いるなどして，乗法九九を構成しようしている。<br>・簡単な場合について，2位数と1位数との乗法の計算の仕方を発展的に考えようとしている。 |

## B 図形

### (1)「三角形や四角形などの図形」

| 知識・技能 | 思考・判断・表現 | 主体的に学習に取り組む態度 |
|---|---|---|
| ・三角形が3本の直線で囲まれた図形であることなど三角形について知っている。また、四角形について知っている。<br>・直角や正方形、長方形、直角三角形について知っている。<br>・紙を折って、直角や正方形、長方形、直角三角形を作ることができる。<br>・格子状に並んだ点などを用いて、正方形、長方形、直角三角形を作図することができる。 | ・直線で囲まれた図形について、他の図形との比較によって分類し、三角形や四角形などの特徴を見いだしている。<br>・四角形について、角や辺に着目し分類し、正方形や長方形などの特徴を見いだしている。 | ・身の回りの正方形、長方形、直角三角形が、日常生活でどのように活用されているのか調べようとしている。<br>・正方形、長方形、直角三角形で平面を敷き詰める活動を楽しみ、できる模様の美しさや平面の広がりに気付いている。 |
| ・箱の形について、3種類の長方形が2組で構成されていることなどを理解している。<br>・正方形や長方形を組み合わせたり、ひごなどを用いたりして、箱の形を構成することができる。 | ・箱の形について、その違いに気付き分類し、分類した箱の形の特徴を見いだしている。 | ・身の回りの箱の形をしたものが、日常生活でどのように活用されているのか調べようとしている。<br>・正方形や長方形を組み合わせるなどして、箱の形を構成しようとしている。 |

## C 測定

### (1)「長さやかさの単位と測定」

| 知識・技能 | 思考・判断・表現 | 主体的に学習に取り組む態度 |
|---|---|---|
| ・長さの単位（ミリメートル（mm）、センチメートル（cm）、メートル（m））及びかさの単位（ミリリットル（mL）、デシリットル（dL）、リットル（L））と、量の大きさを単位を用いて数値化するという測定の意味について理解している。<br>・測定するものに応じて、適切な長さやかさの単位を選び、 | ・量の大きさを表現したり、比べたりする際、測定するものや目的に応じて、どの単位を用いることが適切か考えている。 | ・長さやかさを数値に表して比べたことを振り返り、普遍単位の必要性に気付いている。<br>・身の回りのものの長さやかさを測定しようとしている。 |

| 知識・技能 | 思考・判断・表現 | 主体的に学習に取り組む態度 |
|---|---|---|
| 身の回りの具体物の長さやかさを測定することができる。<br>・1mがどのくらいの長さであるかや，1Lがどのくらいのかさであるかを，身の回りにあるものの大きさを基にしてとらえるなど，長さやかさの大きさについての豊かな感覚をもっている。 | | |

## (2) 「時間の単位」

| 知識・技能 | 思考・判断・表現 | 主体的に学習に取り組む態度 |
|---|---|---|
| ・時間の単位（日，時，分）について知り，時刻や時間を表すことができる。<br>・時間の単位（日，時，分）の関係について理解している。 | ・日常生活における時刻や時間の求め方を考えている。 | ・日常生活の中で必要な時刻や時間を求めようとしている。 |

## D　データの活用
### (1) 「簡単な表やグラフ」

| 知識・技能 | 思考・判断・表現 | 主体的に学習に取り組む態度 |
|---|---|---|
| ・身の回りにある数量を分類整理し簡単な表やグラフを用いて表すことができる。<br>・身の回りにある数量を分類整理して表した簡単な表やグラフを読むことができる。 | ・身の回りの事象について，簡単な表やグラフに表すことで，差の大小や全体の傾向について考えている。 | ・データの整理に進んで関わり，数量の大きさの違いを一目で捉えることができるなどの，グラフのよさに気付いている。 |

## Ⅲ　第3学年

## A　数と計算

### (1)「数の表し方」

| 知識・技能 | 思考・判断・表現 | 主体的に学習に取り組む態度 |
|---|---|---|
| ・万や億の単位について知っている。<br>・10倍，100倍，1000倍，$\frac{1}{10}$ の大きさの数及びそれらの表し方について知っている。<br>・十，百，千，万を単位とする数の相対的な大きさの見方を用いて数を捉えることができる。 | ・数のまとまりに着目し，万を超える数の大きさの比べ方や表し方を，図や数直線を用いるなどして考えている。<br>・数を比べる際には，十進位取り記数法をもとに大きい位から見れば大小を比べられることに気付いている。<br>・十，百，千，万を単位とする数の相対的な見方を活用して，計算の仕方を考えている。 | ・万の単位の数が使われていることを身の回りから見付け，その大きさをつかんだり読んだりしようとしている。 |

### (2)「加法，減法」

| 知識・技能 | 思考・判断・表現 | 主体的に学習に取り組む態度 |
|---|---|---|
| ・3位数や4位数の加法及び減法の計算が2位数などについての基本的な計算を基にしてできることを理解している。<br>・3位数や4位数の加法及び減法の筆算の仕方について理解している。<br>・3位数や4位数の加法及び減法の計算が確実にできる。<br>・2位数どうしの加法及びその逆の減法の答えを暗算で求めることができる。 | ・3位数や4位数の加法及び減法の計算の仕方について，十進位取り記数法による数の表し方や十を単位としてみる数の見方を基に考えている。<br>・加法及び減法に関して成り立つ性質を見いだしている。<br>・加法及び減法に関して成り立つ性質を活用して，計算を工夫したり計算の確かめをしたりしている。 | ・学習したことをもとに，3位数や4位数の加法及び減法の計算の仕方を考えようとしている。 |

### (3)「乗法」

| 知識・技能 | 思考・判断・表現 | 主体的に学習に取り組む態度 |
|---|---|---|
| ・2位数や3位数に1位数や2位数をかける乗法の計算が，乗法九九などの基本的な計算を基にしてできることを理解している。 | ・被乗数を多面的に見たり，図と式とを関連付けたりしながら，2位数や3位数に1位数や2位数をかける乗法の計算の仕方を考えている。 | ・乗法の計算の仕方を振り返り，被乗数をどのようにみると既習の計算が使えるのかについて気付き，次の学習に活用しようとしている。 |

| 知識・技能 | 思考・判断・表現 | 主体的に学習に取り組む態度 |
|---|---|---|
| ・2位数や3位数に1位数や2位数をかける乗法の筆算の仕方について理解している。<br>・2位数や3位数に1位数や2位数をかける乗法の筆算が確実にでき，それを適切に用いることができる。<br>・乗法の交換法則，結合法則，分配法則など，乗法に関して成り立つ性質について理解している。 | ・計算の仕方を振り返ったり，数量と図と関連付けたりしながら，乗法の交換法則，結合法則，分配法則など，計算に関して成り立つ性質を見いだしている。<br>・計算に関して成り立つ性質を活用して計算を工夫している。<br>・計算に関して成り立つ性質を活用して，計算の確かめをしている。 | ・計算に関して成り立つ性質を使うと計算が工夫できるというよさに気づき，計算するときに活用しようとしている。<br>・筆算をしたり見積りをしたりする際に，暗算が生かせるというよさに気付き，実際にしようとしている。 |

## (4)「除法」

| 知識・技能 | 思考・判断・表現 | 主体的に学習に取り組む態度 |
|---|---|---|
| ・包含除や等分除など，除法の意味について理解し，それが用いられる場合について知っている。<br>・除法が用いられる場面を式に表したり，式を読み取ったりすることができる。<br>・除法と乗法や減法との関係について理解している。<br>・除数と商が共に1位数である除法の計算が確実にできる。<br>・割り切れない場合に余りを出すことや，余りは除数より小さいことを知っている。 | ・除法が用いられる場面の数量の関係を，具体物や図などを用いて考えている。<br>・除法は乗法の逆算と捉え，除法の計算の仕方を考えている。<br>・余りのある除法の余りについて，日常生活の場面に応じて考えている。<br>・「日常生活の問題」（単なる文章題ではない。情報過多の問題，算数以外の教科の問題）を，除法を活用して解決している。<br>（いろいろな単元が終わった後に日常生活の中から，もしくは他教科等で，除法を適切に用いて問題解決している） | ・除法が用いられる場面の数量の関係を，具体物や図などを用いて考えようとしている。<br>・除法が用いられる場面を身の回りから見付け，除法を用いようとしている。「わり算探し」など） |
| ・簡単な場合について，除数が1位数で商が2位数の除法の計算の仕方を知っている。 | ・簡単な場合について，除数が1位数で商が2位数の除法の計算の仕方を考えている。 | ・自分が考えた除法の計算の仕方について，具体物や図と式とを関連付けて考えようとしている。 |

## (5)「小数の意味と表し方」

| 知識・技能 | 思考・判断・表現 | 主体的に学習に取り組む態度 |
|---|---|---|
| ・端数部分の大きさを表すのに小数を用いることを知っている。<br>・小数の表し方及び $\frac{1}{10}$ の位について知っている。<br>・量を測定する単位の構成が，十進構造になっていることについて理解している。<br>・$\frac{1}{10}$ の位までの小数の加法及び減法の意味について理解し，それらの計算ができることを知っている。 | ・小数の大きさについて，図や数直線を用いて表したり，0.1の幾つ分かを考えたりして，大きさを比べたり，小数の加法及び減法の計算の仕方を考えたりしている。<br>・小数やその計算が日常生活にも使えることに気付いている。 | ・小数でも数の大きさを比べたり，計算したりできるかどうか考えたことを振り返り，0.1の幾つ分と見ることで整数と同じ見方ができることに気付き，次の学習に活用しようとしている。<br>・端数部分の大きさを表すことができるというよさに気付き，身の回りから，小数が用いられる場面を見付けようとしている。 |

## (6)「分数の意味と表し方」

| 知識・技能 | 思考・判断・表現 | 主体的に学習に取り組む態度 |
|---|---|---|
| ・等分してできる部分の大きさや端数部分の大きさを表すのに分数を用いることを知っている。<br>・分数が単位分数の幾つ分かで表すことができることを知っている。<br>・数直線を用いて，0.1と $\frac{1}{10}$ の大きさが等しいことを理解している。<br>・同分母の分数の加法及び減法の意味について理解している。<br>・真分数どうしの加法及び減法，和が1までの加法とその逆の減法の計算の仕方を知っている。 | ・同分母どうしの場合は，単位分数の個数を基に，分子の大きさを比べることができることに気付き，分数の大きさを比べている。<br>・単位分数の幾つ分と見ることで，整数と同じように処理できることに気付き，同分母の分数の加法及び減法の計算の仕方を考えている。<br>・同分母の分数の加法及び減法の計算の仕方について，日常生活における場面を基に考えたり，図に表して考えたりしている。 | ・端数部分の大きさを分数を用いて表そうとしている。<br>・数のまとまりに着目し，分数でも数の大きさを比べたり計算したりできるかどうかを考えようとしている。<br>・身の回りから，分数が用いられる場面を見付けようとしている。<br>・単位として都合のよい大きさを選ぶことで，小数では表せない数も表すことができるよさに気付いている。 |

巻末資料

## (7) 「数量の関係を表す式」

| 知識・技能 | 思考・判断・表現 | 主体的に学習に取り組む態度 |
|---|---|---|
| ・未知の数量を□などを用いて表すことにより，数量の関係を式で表せることを理解している。<br>・未知の数量を□などを用いて表し，その関係を式に表すことができる。<br>・未知の数量を□などを用いて表した式について，□に数を当てはめて調べることができる。 | ・数量の関係に着目し，数量の関係を図や□などを用いた式に，簡潔に表している。<br>・□などを用いて表した式そのものが，一つの数量を表していることに気付き，式と図を関連付けて，式が表している場面の意味を読み取っている。 | ・数量の関係を図に表したことを振り返り，□などを用いた式に表すよさに気付き，□などを用いた式を問題解決に活用しようとしている。 |

## (8) 「そろばん」

| 知識・技能 | 思考・判断・表現 | 主体的に学習に取り組む態度 |
|---|---|---|
| ・そろばんによる数の表し方について知っている。<br>・そろばんによる簡単な1位数や2位数の加法及び減法の計算の仕方について知り，計算している。 | ・そろばんによる大きな数や小数の加法及び減法の計算の仕方を考えている。 | ・そろばんによる数の表し方を振り返り，十進位取り記数法の仕組みでそろばんが作られているよさに気付き，そろばんで整数や小数を表したり，計算したりしようとしている。 |

## B　図形

### (1) 「二等辺三角形，正三角形などの図形」

| 知識・技能 | 思考・判断・表現 | 主体的に学習に取り組む態度 |
|---|---|---|
| ・二等辺三角形，正三角形，直角二等辺三角形の意味や性質を理解している。<br>・二等辺三角形や正三角形を，定規やコンパスを用いて作図することができる。<br>・二等辺三角形を作図する中で，正三角形が作図できることに気付いている。<br>・一つの頂点から出る2本の辺が作る形を角ということを知 | ・二等辺三角形，正三角形などの三角形を観察し，違いに気付いて分類し，それらの特徴を見いだしている。<br>・二等辺三角形や正三角形を紙で作ったり，作図したりすることを通して，二等辺三角形や正三角形の性質を見いだしている。 | ・二等辺三角形や正三角形の観察や構成を通して，それらの特徴や性質を見いだそうとしている。<br>・二等辺三角形の作図の仕方を振り返り，正三角形の作図に活用しようとしている。<br>・二等辺三角形や正三角形が敷き詰められることなど，二等辺三角形や正三角形のよさに気付き，身の回りの二等辺三 |

| | | 角形や正三角形が，日常生活でどのように活用されているのか調べようとしている。 |
|---|---|---|
| ・円や球について，中心，半径，直径の意味やそれぞれのもつ性質を知っている。<br>・コンパスを用いて，円を作図することなどができる。 | ・円の半径や直径を観察したり作図したりすることを通して，円の半径や直径は無数にあるなどの性質を見いだしている。<br>・球の観察などを通して，球を平面で切ると切り口は円になり，球をちょうど半分に切った場合の切り口が最大になるなどの性質を見いだしている。 | ・円と球に関心をもち，特徴を調べようとしている。<br>・身の回りの円や球が，日常生活でどのように活用されているのか調べようとしている。 |

## C　測定

### (1)「長さ，重さの単位と測定」

| 知識・技能 | 思考・判断・表現 | 主体的に学習に取り組む態度 |
|---|---|---|
| ・長さの単位（km）及び重さの単位（g，kg，t）について知り，長さや重さも単位の幾つ分かで測定できることを理解している。<br>・ものの長さや重さについて，適切な単位で表すことができる。<br>・長さや重さについて，およその見当を付け計器を適切に選んで測定することができる。<br>・メートル法の単位の仕組みについて理解している。 | ・長さ，体積，重さについて，1 kmは1000m，1 Lは1000mL，1 kgは1000 gなどの関係を基に，既習の単位を整理し，接頭語が表す倍の関係などに気付いている。<br>・メートル法の単位の仕組みを活用し，新しい単位に出会ったときも類推して量の大きさを考えている。 | ・長さや重さについて，およその見当を付け，効率的に測定しようとしている。<br>・長さや重さなどの単位を用いて表したことを振り返り，「m」「c」「k」などの接頭語が共通に用いられているというメートル法の単位の仕組みのよさに気付き，身の回りで使われている新しい量の単位に出会ったときも類推してその単位の大きさや関係について考えようとしている。 |

### (2)「時刻と時間」

| 知識・技能 | 思考・判断・表現 | 主体的に学習に取り組む態度 |
|---|---|---|
| ・秒について知っている。<br>・日常生活に必要な時刻や時間を求めることができる。 | ・日常生活の場面について，時計の模型や数直線を用いて時刻や時間の求め方について考えている。 | ・1秒や10秒，60秒の感覚を，手をたたくなどの体験を通して捉えようとしている。<br>・必要になる時刻や時間を測定して表したり，必要な時刻や時間の求め方について考えた |

巻末資料

| | | りしようとしている。 |
| | | ・日常生活で時間の単位（秒）が用いられている場面を調べようとしている。 |

## D　データの活用

### (1)「表と棒グラフ」

| 知識・技能 | 思考・判断・表現 | 主体的に学習に取り組む態度 |
|---|---|---|
| ・日時の観点や場所の観点などからデータを分類整理し，簡単な二次元の表に表したり読んだりすることができる。<br>・棒グラフで表すと，数量の大小や差などがとらえやすくなることなど，棒グラフの特徴やその用い方を理解している。 | ・データをどのように分類整理すればよいかについて，解決したい問題に応じて観点を定めている。<br>・身の回りの事象について，表や棒グラフに表し，特徴や傾向を捉え考えたことを表現したり，複数のグラフを比較して相違点を考えたりしている。 | ・進んで分類整理し，それを表や棒グラフに表して読み取るなどの統計的な問題解決のよさに気付き，生活や学習に活用しようとしている。 |

巻末
資料

# Ⅰ 第4学年

## A 数と計算

### (1) 「整数の表し方」

| 知識・技能 | 思考・判断・表現 | 主体的に学習に取り組む態度 |
|---|---|---|
| ・億や兆の単位について知るとともに，4桁ごとに新しい単位が用いられていることを理解している。<br>・億や兆を用いる大きな数を，十進位取り記数法によって表すことができる。 | ・4桁で区切るなど単位のまとまりを考え，9桁を超えるような数を読んだり，数の大きさを比べたりしている。<br>・これまでに学んだ一，十，百，千の繰り返しと統合的に捉え，さらに大きな数についても類推して考えている。 | ・十進位取り記数法によって，10個の数字でどのような大きな数でも表すことができるよさに気付き，生活や学習で見られる大きな数を進んで理解しようとしている。 |

### (2) 「概数と四捨五入」

| 知識・技能 | 思考・判断・表現 | 主体的に学習に取り組む態度 |
|---|---|---|
| ・概数が用いられる場合を知り，概数の必要性を理解している。<br>・以上，以下，未満の用語とその意味について理解している。<br>・四捨五入などについて知り，四捨五入などをして数を概数にすることができる。<br>・目的に応じて，和，差，積，商を概数で見積もることができる。 | ・場面を捉えて判断し，目的に合った概数の処理の仕方を考えている。<br>・日常生活で用いられている数が，概数で表された数かどうかを判断し，考察している。 | ・概数を用いると物事の判断や処理が容易になるなどのよさに気付き，目的に応じて自ら概数で事象を把握しようとしている。<br>・生活や学習の場面で，目的に応じて計算の結果を見積もろうとしている。 |

### (3) 「整数の除法」

| 知識・技能 | 思考・判断・表現 | 主体的に学習に取り組む態度 |
|---|---|---|
| ・除数が1位数や2位数で被除数が2位数や3位数の場合の除法の計算が，基本的な計算を基にしてできることを理解している。<br>・除数が1位数や2位数で被除数が2位数や3位数の場合の除法の筆算の仕方について理 | ・除数が1位数や2位数で被除数が2位数や3位数の場合の除法の計算の仕方を考えている。<br>・除法に関して成り立つ性質を見いだし，その性質を活用して計算の仕方を考えたり計算の確かめをしたりしている。 | ・(何十)÷(何十)の計算を十を単位として考えれば一位数の計算として求められるというよさに気付いている。<br>・除法に関して成り立つ性質を活用して，工夫して計算しようとしている。<br>・暗算を，筆算や見積りに生か |

解している。
- 除数が1位数や2位数で被除数が2位数や3位数の場合の除法の計算が確実にできる。
- 除法を用いる場合を知り，適切に用いることができる。
- 簡単な除法について，暗算で答えを求めることができる。
- 用語「商」を知り，整数の除法において，被除数，除数，商及び余りの間の関係について理解している。
- 除法に関して成り立つ性質について理解している。

し，主体的に計算の仕方を考えようとしている。

### (4)「小数の仕組みとその計算」

| 知識・技能 | 思考・判断・表現 | 主体的に学習に取り組む態度 |
|---|---|---|
| ・ある量の何倍かを表すのに小数を用いることができることを知り，拡張した倍の意味を理解している。<br>・$\frac{1}{10}$の位，$\frac{1}{100}$の位と範囲が拡張された小数を知り，小数が整数と同じ仕組みで表されていることを知っている。<br>・1.2を0.1が12個集まった数とみるなど，数の相対的な大きさから，小数をとらえることができる。<br>・小数の加法及び減法についての理解を深めている。<br>・$\frac{1}{100}$の位までの小数の加法及び減法の計算ができる。<br>・乗数や除数が整数である場合の小数の乗法及び除法の意味について理解している。<br>・乗数や除数が整数である場合の小数の乗法及び除法の計算 | ・端数部分の大きさを小数で表すとき，0.1の単位をつくったときの考えを基に，0.01の単位をつくることを考えている。<br>・$\frac{1}{100}$の位までの小数の加法及び減法の計算の仕方を，整数の計算の仕方などと関連付けて考えている。<br>・乗数や除数が整数である場合の小数の乗法及び除法の計算の仕方を，整数の計算の仕方と関連付けて考えている。<br>・小数やその計算が日常生活にも使えることに気付いている。 | ・小数の桁の範囲が拡張されても同じ十進位取り記数法の仕組みで表されることを学んだことから，さらに小さい小数の位についても考えようとしている。<br>・小数も，整数と同じように十進位取り記数法の仕組みで表されているから同じように計算できるというよさに気付き，小数の計算の仕方を考えようとしている。 |

巻末資料

| | | |
|---|---|---|
| ・がができる。<br>・整数を整数で割って商が小数になる除法について，商の意味を理解している。 | | |

## (5)「同分母の分数の加法，減法」

| 知識・技能 | 思考・判断・表現 | 主体的に学習に取り組む態度 |
|---|---|---|
| ・数直線に示された分数を観察し，表し方が違っても大きさの等しい分数があることに気付き，見つけることができる。<br>・数直線や図を用いて，分数の大きさを表すことができる。<br>・真分数，仮分数，帯分数の意味について理解している。<br>・1より大きい分数を仮分数でも帯分数でも表すことができる。<br>・同分母の分数の加法及び減法の計算ができる。 | ・分数の大きさを，数直線や図などで表したり，分数が表された数直線や図を読み取ったりして，分数の大きさについて判断したり表現したりしている。<br>・同分母の分数の加法及び減法の計算の仕方を，日常生活における場面や単位分数の個数に着目して考えている。 | ・1より小さい分数の意味をもとにして，1より大きい分数の意味や，同分母の分数の加法及び減法の計算の仕方について考えようとしている。 |

## (6)「数量の関係を表す式」

| 知識・技能 | 思考・判断・表現 | 主体的に学習に取り組む態度 |
|---|---|---|
| ・一つの数量を表すのに（ ）を用いることや乗法，除法を用いて表された式が一つの数量を表すことなどを理解している。<br>・乗法，除法を加法，減法より先に計算することや（ ）の中を先に計算することなどのきまりがあることを理解している。<br>・公式が一般的な数量の関係を表していることなど，公式についての考え方を理解している。<br>・数量の関係を式で簡潔に表し | ・数量と数量の間の関係を考える際に，幾つもの数量の組を使って，共通するきまりや関係を考え，見いだしている。<br>・式の意味を読み，具体的な場面や思考の筋道を考えている。 | ・式や公式のよさに気付き，数量の関係を簡潔に表現したり，式の意味を読み取ろうとしている。 |

たり，式を読み取ったりすることができる。

・四則の混合した式や（　）を用いた式について正しく計算することができる。

・公式を用いて数量の関係を表したり，公式の言葉で表されているものにいろいろな数を当てはめたりすることができる。

・数量を□，△などを用いて表し，その関係を式にしたり，□，△などに数を当てはめて調べたりすることができる。

・□，△などを用いた式において，□，△などは変量を表すことを理解している。

・□，△を用いた式では，□，△の一方の大きさが決まれば，それに伴って，他方の大きさが決まることを理解している。

巻末資料

## （7）「四則に関して成り立つ性質」

| 知識・技能 | 思考・判断・表現 | 主体的に学習に取り組む態度 |
|---|---|---|
| ・□，△などの記号を用いて，交換法則，結合法則，分配法則を一般的な式に表すことができる。<br>・計算の範囲を整数から小数に広げても，交換法則，結合法則，分配法則が成り立つことを理解している。<br>・□，△などを用いた式では，「同じ記号には同じ数が入る」ことを理解している。 | ・交換法則，結合法則，分配法則を用いて計算を簡単に行うことを考えている。<br>・交換法則，結合法則，分配法則が整数だけでなく小数について成り立つことを，図などを用いて考えている。 | ・整数や小数の計算に，計算に関して成り立つ性質を用いると計算を簡単にすることができる場合があることなど，計算に関して成り立つ性質のよさに気付き，工夫して計算しようとしている。 |

## (8)「そろばん」

| 知識・技能 | 思考・判断・表現 | 主体的に学習に取り組む態度 |
|---|---|---|
| ・そろばんを用いて，簡単な億や兆の単位までの整数や $\frac{1}{100}$ の位までの小数の加法及び減法の計算をしている。 | ・そろばんを用いた大きな数や小数の計算の仕方を考えている。 | ・そろばんによる簡単な計算の仕方を振り返り，そろばんの仕組みのよさに気付き，大きな数や小数の計算の仕方を考えようとしている。 |

## B　図形

### (1)「平行四辺形，ひし形，台形などの平面図形」

| 知識・技能 | 思考・判断・表現 | 主体的に学習に取り組む態度 |
|---|---|---|
| ・直線の平行や垂直の関係について理解し，平行な二直線や垂直な二直線をかくことができる。<br>・平行四辺形，ひし形，台形の意味や性質，対角線について知り，平行四辺形，ひし形，台形をかくことができる。 | ・図形を構成する要素及びそれらの位置関係に着目し，構成の仕方を考察し図形（平行四辺形，ひし形，台形）の性質を見いだしている。<br>・四角形（平行四辺形，ひし形，台形）について，かき方を考えている。<br>・見いだした図形の性質を基に，既習の図形（正方形，長方形）を捉え直している。 | ・身の回りから平行や垂直になっている二直線や平行四辺形，ひし形，台形を見付け，どのような性質を活用しているかを考え，そのよさに気付いている。<br>・平行四辺形，ひし形，台形で平面を敷き詰める活動を通して，これらの図形が平面を敷き詰めることができるというよさやできた模様の美しさに気付いている。 |

### (2)「立方体，直方体などの立体図形」

| 知識・技能 | 思考・判断・表現 | 主体的に学習に取り組む態度 |
|---|---|---|
| ・立方体や直方体について知り，立方体や直方体の構成要素や，それらの位置関係について理解している。<br>・立方体や直方体の見取図をかいたり，それらの見取図を見て，構成要素の垂直や平行の関係を読み取ったりすることができる。<br>・立方体や直方体の展開図をかき，構成することができる。 | ・図形を構成する要素及びそれらの位置関係に着目して立体図形を仲間分けし，立方体や直方体の性質を考察している。<br>・立方体や直方体を展開図として平面上に表現する仕方を考察し，見いだした立体図形の性質や構成要素の位置関係などを根拠にして，展開図のそれぞれの面の位置や大きさについて表現している。 | ・日常生活で見いだされる立方体や直方体について，どのような性質を活用しているかを考え，そのよさに気付いている。 |

巻末資料

| | 知識・技能 | 思考・判断・表現 | 主体的に学習に取り組む態度 |
|---|---|---|---|
| | | ・日常の事象を図形の性質を用いて捉え直している。 | |

### (3) 「ものの位置の表し方」

| 知識・技能 | 思考・判断・表現 | 主体的に学習に取り組む態度 |
|---|---|---|
| ・平面の上や空間の中にあるものの位置を表す際，平面上では二つの要素が，空間の中では三つの要素が必要であることを理解している。<br>・平面の上でのものの位置を二つの要素で表したり，空間の中でのものの位置を三つの要素で表したりすることができる。 | ・平面の上や空間の中でのものの位置を表すには，基準を決めることや方向を表す言葉や記号が必要であることに気付いている。<br>・直線や平面の上でのものの位置の表し方から類推して，空間の中でのものの位置の表し方を考えている。 | ・数を使うとものの位置が簡潔に表されるよさに気付き，ホールや乗り物の座席など生活で使われている場面を調べるなど，生活や学習に生かそうとしている。 |

### (4) 「平面図形の面積」

| 知識・技能 | 思考・判断・表現 | 主体的に学習に取り組む態度 |
|---|---|---|
| ・面積の単位（平方センチメートル（cm²），平方メートル（m²），平方キロメートル（km²））について知り，測定の意味について理解している。<br>・必要な部分の長さを用いることで，正方形や長方形の面積は計算によって求めることができることを理解している。<br>・正方形や長方形の面積を公式を用いて求めることができる。 | ・面積の単位や図形を構成する要素に着目し，正方形及び長方形の面積の計算による求め方を考えている。<br>・長方形を組み合わせた図形の面積の求め方を，図形の構成の仕方に着目して考えている。<br>・面積の単位とこれまでに学習した単位との関係を考察している。 | ・面積の大きさを数値化して表すことのよさに気付き，面積を調べる際に活用しようとしている。<br>・長方形を組み合わせた図形の面積の求め方について，多面的に捉え検討してよりよいものを求めて粘り強く考えている。 |

### (5) 「角の大きさ」

| 知識・技能 | 思考・判断・表現 | 主体的に学習に取り組む態度 |
|---|---|---|
| ・角の大きさを回転の大きさとして捉え，その単位（度（°））について知り，測定の意味について理解している。<br>・角が90°より大きいか小さい | ・角の大きさを加法的に見たり乗法的に見たりするなど，柔軟に考えている。<br>・角の大きさを根拠にして図形を判断したり，それを表現し | ・角の大きさの学習を生かし，身の回りにある図形を角の大きさに着目して捉えようとしている。 |

| | | |
|---|---|---|
| かを判断するなどして，分度器を用いて角の大きさを測定したり，必要な大きさの角を作ったりすることができる。 | たりするなどして図形を考察している。 | |

## C　変化と関係

### (1) 「伴って変わる二つの数量」

| 知識・技能 | 思考・判断・表現 | 主体的に学習に取り組む態度 |
|---|---|---|
| ・身の回りから伴って変わる二つの数量を見付け数量の関係の変化の特徴を見いだしている。<br>・折れ線グラフに表された伴って変わる二つの数量の変化の特徴について読み取ることができる。<br>・伴って変わる二つの数量の関係を明確にするために，資料を表に表したりグラフを用いて表したりすることができる。<br>・折れ線グラフを用いると，伴って変わる二つの数量の変化の様子をわかりやすく表すことができることを理解している。 | ・身の回りの数量から，それに伴って変わると考えられる別の数量を見付け，一方の数量を決めれば他の数量が決まるかどうか，あるいは一方の数量は他の数量の変化に伴って変化するか，というような関係について考えている。<br>・伴って変わる二つの数量の関係を表に整理して，変化や対応の特徴を考察している。<br>・対応の特徴を式に表して表現したり，変化の様子を折れ線グラフに表して考察したりしている。 | ・関数の考えや統計的な見方のよさに気付き，進んで生活や学習に活用しようとしている。<br>・表やグラフ，式に表された変化や対応の特徴を振り返り，それぞれの表し方のよさに気付き，さらに考察を進めようとしている。 |

### (2) 「簡単な場合についての割合」

| 知識・技能 | 思考・判断・表現 | 主体的に学習に取り組む態度 |
|---|---|---|
| ・簡単な場合について，ある二つの数量の関係と別の二つの数量の関係とを比べる場合に，割合がいつでも変わらない場合は，割合を用いて比べられることを知り，割合を用いて比べることができる。 | ・簡単な場合について，日常の事象における数量の関係に着目し，図や式などを用いて，ある二つの数量の関係と別の二つの数量の関係との比べ方を考察し，場面にあった比べ方を判断している。 | ・簡単な場合について，ある二つの数量の関係と別の二つの数量の関係との比べ方を，場面に即して判断したり，生活や学習に活用したりしようとしている。 |

## D　データの活用

### (1)「データの分類整理」

| 知識・技能 | 思考・判断・表現 | 主体的に学習に取り組む態度 |
|---|---|---|
| ・資料を分析するとき，二つの観点から分類整理する方法を知っている。<br>・資料を，二つの観点から落ちや重なりがないように分類整理して表に表すことができる。<br>・時系列データについて折れ線グラフに表して時間的変化を読み取ることができる。<br>・紙面の大きさや目的に応じて一目盛りの大きさをきめることができる。<br>・複数系列のグラフや組み合わせたグラフを読み取ることができる。 | ・目的に応じて，観点を考えて必要なデータを集めている。<br>・問題を解決するために適切な表やグラフを選択してデータの特徴や傾向を捉え問題に対する結論を考えている。 | ・データを収集したり分析したりした過程を振り返り，よりよい表現や結論の出し方を考えている。<br>・統計的な問題解決のよさに気付き，生活や学習に活用しようとしている。 |

巻末資料

## Ⅴ 第5学年

## A 数と計算

### (1) 「整数の性質」

| 知識・技能 | 思考・判断・表現 | 主体的に学習に取り組む態度 |
|---|---|---|
| ・偶数と奇数について知っている。<br>・整数は，観点を決めると偶数，奇数に類別されることを知っている。<br>・約数，公約数，最大公約数，倍数，公倍数，最小公倍数について知り，それらを求めることができる。 | ・乗法及び除法に着目し，観点を決めて整数を類別する仕方を考えている。<br>・乗法及び除法に着目し，倍数や約数などの求め方を考えている。<br>・数の構成について，ある数の約数や倍数の全体をそれぞれ一つの集合としてとらえ，考察している。<br>・偶数，奇数や倍数，約数などを，日常生活や算数の学習の問題解決に生かしている。 | ・偶数，奇数や倍数，約数などの求め方を考えたことを振り返り，それらのよさに気付き，学習したことを生活や学習に活用しようとしている。 |

### (2) 「整数，小数の記数法」

| 知識・技能 | 思考・判断・表現 | 主体的に学習に取り組む態度 |
|---|---|---|
| ・整数や小数について，ある数の10倍，100倍，1000倍，$\frac{1}{10}$, $\frac{1}{100}$ などの大きさの数を，小数点の位置を移してつくることができる。 | ・整数や小数の表し方の仕組みに着目し，数の相対的な大きさを考察し，十進位取り記数法としてまとめ，計算などに有効に生かしている。 | ・整数と小数が同じ十進位取り記数法で表されていることのよさに気付き，学習したことを生活や学習に活用しようとしている。 |

### (3) 「小数の乗法，除法」

| 知識・技能 | 思考・判断・表現 | 主体的に学習に取り組む態度 |
|---|---|---|
| ・乗数や除数が小数である場合の乗法及び除法の意味について，乗数や除数が整数である場合の計算の考え方を基にして，理解している。<br>・$\frac{1}{100}$ の位までの小数の乗法及び除法の計算ができる。<br>・小数の除法の計算における余りの大きさについて理解している。 | ・乗数や除数が小数である場合まで数の範囲を広げて，小数を用いた倍の意味などをもとに，乗法及び除法の意味を捉え直している。<br>・小数の乗法及び除法について，小数の意味や表現をもとにしたり，乗法及び除法に関して成り立つ性質を用いたりして，計算の仕方を多面的に考えて | ・学習したことをもとに，小数の乗法及び除法の計算の仕方を考えたり，計算の仕方を振り返り多面的に考え検討したりしようとしている。<br>・小数の乗法及び除法の計算の仕方を振り返り，筆算での処理に生かそうとしている。<br>・小数の乗法及び除法の計算に，乗法及び除法に関して成 |

巻末資料

| | | |
|---|---|---|
| ・小数の乗法及び除法について，整数の場合と同じ関係や法則が成り立つことを理解している。 | いる。<br>・小数の乗法及び除法の計算を用いて，日常生活の問題を解決している。 | り立つ性質などが有効に働いていることのよさに気付き，学習に活用しようとしている。 |

### (4) 「分数の意味と表し方」

| 知識・技能 | 思考・判断・表現 | 主体的に学習に取り組む態度 |
|---|---|---|
| ・整数及び小数を分数の形に直したり，分数を小数で表したりできる。<br>・整数の除法の結果を分数を用いて一つの数として表すことができることを理解している。<br>・一つの分数の分子及び分母に同じ数を乗除してできる分数は，元の分数と同じ大きさを表すことを理解している。<br>・分数を約分することができる。<br>・分数の相等及び大小について知り，通分することで，分数の大小を比べることができる。 | ・分数の性質に基づいて，数の相等及び大小関係について考察している。<br>・整数の除法の結果を分数で表すことができることを見いだし，分数の意味を拡張して考えている。 | ・整数の除法の結果を分数で表すことによって計算の結果をいつでも一つの数で表すことができるというよさに気付き，学習したことを，生活や学習に活用しようとしている。 |

### (5) 「分数の加法，減法」

| 知識・技能 | 思考・判断・表現 | 主体的に学習に取り組む態度 |
|---|---|---|
| ・異分母の分数の加法及び減法の計算ができる。 | ・異分母の分数の加法及び減法について，分数の意味や表現をもとにしたり，一つの分数の分子及び分母に同じ数を乗除してできる分数は，元の分数と同じ大きさを表すことを用いたりして，計算の仕方を考えている。 | ・一つの分数の分子及び分母に同じ数を乗除してできる分数は，元の分数と同じ大きさを表すことなど，学習したことをもとに，異分母の分数の加法及び減法の計算の仕方を考えたり，計算の仕方を振り返り多面的に検討したりしようとしている。 |

巻末
資料

## (6)「数量の関係を表す式」

| 知識・技能 | 思考・判断・表現 | 主体的に学習に取り組む態度 |
|---|---|---|
| ・式の中にある二つの数量の対応や変化の特徴について，表を用いて調べたり，二つの数量の関係を言葉の式で表したりすることができる。<br>・数量の関係や法則などを簡潔かつ一般的に表すという式の役割について理解している。 | ・簡単な式で表されている関係について，二つの数量の対応の関係を表にまとめ，伴って変わる二つの数量の変化の仕方について考察している。<br>・表に示された二つの数量の変化の仕方を基に，対応の関係を見いだし，簡単な式に表現している。 | ・簡単な式で表されている関係について，二つの数量の対応の関係を表にまとめ，伴って変わる二つの数量の変化の仕方について，考察しようとしている。<br>・表に示された二つの数量の変化の仕方を基に，対応の関係を見い出し，簡単な式に表現しようとしている。 |

## B　図形

## (1)「平面図形の性質」

| 知識・技能 | 思考・判断・表現 | 主体的に学習に取り組む態度 |
|---|---|---|
| ・図形の形や大きさが決まる要素について理解している。<br>・図形の合同について理解している。<br>・合同な図形では，対応する辺の長さ，対応する角の大きさがそれぞれ等しいことを理解している。<br>・二つの合同な図形について，ずらしたり，回したり，裏返したりして置かれた場合でも，その位置に関係なく，辺と辺，角と角の対応を付けることができる。<br>・合同な三角形を，対応する辺の長さや角の大きさに着目し，作図することができる。 | ・図形が「決まる」という意味を理解し，合同な三角形について，能率的なかき方を考え，合同な三角形をかくために必要な構成要素を見いだしている。 | ・図形の形や大きさが決まる要素について考えたことを振り返り，それらのよさに気付き，学習したことを生活や学習に活用しようとしている。 |
| ・三角形の三つの角の大きさの和が180°になることや，四角形の四つの角の大きさの和が360°になることを理解している。 | ・三角形の三つの角の大きさの和が180°であることを帰納的に見いだしている。<br>・四角形の四つの角の大きさの和が360°になることや五角形 | ・三角形や四角形など多角形についての簡単な性質について考えたことを振り返り，それらのよさに気付き，学習したことを生活や学習に活用しよ |

| 知識・技能 | 思考・判断・表現 | 主体的に学習に取り組む態度 |
|---|---|---|
| ・四角形の四つの角の大きさの和は，三角形の三つの角の大きさの和を基にすれば求められることを理解している。 | の五つの角の大きさ和が540°になることを，三角形の三つの角の大きさの和が180°であることを基に，演繹的に考えている。 | うとしている。 |
| ・多角形や正多角形について知り，平面図形についての理解を深めている。<br>・円と組み合わせることで，正六角形などを作図することができる。<br>・どの円についても（円周）÷（直径）の値が一定であることや，その値を円周率ということ，円周率は3.14を用いることなどを理解している。<br>・円周率を用いて，円の直径から円周を求めたり，円周から直径を求めたりすることができる。 | ・円と組み合わせることで，正多角形を作図する方法を考えている。<br>・円と組み合わせることで，正多角形の性質を見いだしている。<br>・内接する正六角形と外接する正方形との関係を用いて，円周は直径の3倍より大きく4倍より小さいことを見いだしている。 | ・円周率について考えたことを振り返り，そのよさに気付き，学習したことを生活や学習に活用しようとしている。 |

## (2) 「立体図形の性質」

| 知識・技能 | 思考・判断・表現 | 主体的に学習に取り組む態度 |
|---|---|---|
| ・角柱や円柱について知り，角柱や円柱の構成要素や，辺や面の位置関係について理解している。<br>・角柱や円柱の見取図や展開図をかくことができる。<br>・角柱や円柱を展開図を基に構成することができる。 | ・立体図形について，その違いに気付き角柱，円柱などに分類し，分類した立体図形の性質を見いだしている。<br>・立方体や直方体を角柱として捉え直している。<br>・辺や面のつながりや位置関係に着目して，角柱や円柱を構成したり，角柱や円柱の見取図や展開図をかいたりする方法を考えている。 | ・基本的な角柱や円柱を構成する要素に着目し，図形の性質を見いだし，その性質を基に既習の図形を捉え直したことを振り返り，それらのよさに気付いている。<br>・身の回りから，角柱や円柱を見付けようとしている。<br>・角柱や円柱を構成したり，角柱や円柱の見取図や展開図をかいたりしようとしている。 |

## (3) 「平面図形の面積」

| 知識・技能 | 思考・判断・表現 | 主体的に学習に取り組む態度 |
|---|---|---|
| ・必要な部分の長さを用いるこ | ・三角形，平行四辺形，ひし形， | ・求積可能な図形に帰着させて |

| 知識・技能 | 思考・判断・表現 | 主体的に学習に取り組む態度 |
|---|---|---|
| とで，三角形，平行四辺形，ひし形，台形の面積は計算によって求めることができることを理解している。<br>・三角形，平行四辺形，ひし形，台形の面積を，公式を用いて求めることができる。 | 台形の面積の求め方を，求積可能な図形の面積の求め方を基に考えている。<br>・見いだした求積方法や式表現を振り返り，簡潔かつ的確な表現を見いだしている。 | 考えると面積を求めることができるというよさに気付き，三角形，平行四辺形，ひし形，台形の面積を求めようとしている。.<br>・見いだした求積方法や式表現を振り返り，簡潔かつ的確な表現に高めようとしている。 |

### (4)「立体図形の体積」

| 知識・技能 | 思考・判断・表現 | 主体的に学習に取り組む態度 |
|---|---|---|
| ・立方体や直方体の体積を公式を用いて求めることができる。<br>・体積の単位（$cm^3$，$m^3$）について知り，測定の意味について理解している。<br>・必要な部分の長さを用いることで，立方体や直方体の体積は計算によって求めることができることを理解している。 | ・体積の単位や図形を構成する要素に着目し，立方体や直方体の体積の計算による求め方を考えている。<br>・体積の単位とこれまでに学習した単位との関係を考察している。 | ・立方体や直方体の体積についても，単位の大きさを決めると，その幾つ分として数値化できるというよさに気付き，学習したことを基に，立方体や直方体の体積の公式を導きだそうとしたり，生活や学習に活用しようとしたりしている。 |

## C 変化と関係

### (1)「伴って変わる二つの数量の関係」

| 知識・技能 | 思考・判断・表現 | 主体的に学習に取り組む態度 |
|---|---|---|
| ・簡単な場合について，「一方が2倍，3倍，4倍，…になれば，他方も2倍，3倍，4倍，…になる」という比例の関係があることを知っている。<br>・乗法の場面について，「一方が2倍，3倍，4倍，…になれば，他方も2倍，3倍，4倍，…になる」などのように言葉を用いて表すことができる。 | ・求めたい数量に対して，一方の数量を決めれば他方の数量が決まるか，あるいは伴って一定のきまりで変化するかを観察することで，それと関係のある他の数量を見いだしている。<br>・伴って変わる二つの数量の関係を表や式を用いて表し，数量の間の変化や対応の特徴を考察して規則性などを見いだしている。 | ・求めたい数量に対して，伴って変わる数量の変わり方に関心をもち，特徴を見いだすことのよさに気付き，学習したことを基に，生活や学習に活用しようとしている。 |

## (2)「異種の二つの量の割合」

| 知識・技能 | 思考・判断・表現 | 主体的に学習に取り組む態度 |
|---|---|---|
| ・異種の二つの量の割合として捉えられる数量について，その比べ方や表し方について理解している。<br>・単位量当たりの大きさについて理解している。<br>・異種の二つの量の割合で捉えられる速さや人口密度などを比べたり表したりすることができる。 | ・異種の二つの量の割合として捉えられる数量の関係に着目し，目的に応じた，大きさの比べ方や表し方を考えている。<br>・日常生活の問題（活用問題）を，単位量当たりの大きさを活用して解決している。 | ・異種の二つの量の割合として捉えられる数量の関係に着目し，単位量当たりの大きさを用いて比べることのよさに気付き，学習したことを生活や学習に活用しようとしている。<br>・単位量当たりの大きさを活用できる場面を身の回りから見付けようとしている。 |

## (3)「割合」

| 知識・技能 | 思考・判断・表現 | 主体的に学習に取り組む態度 |
|---|---|---|
| ・ある二つの数量の関係と別の二つの数量の関係とを比べる場合に，割合がいつでも変わらない場合は割合を用いて比べられることを知り，割合を用いて比べることができる。<br>・百分率の意味について理解し，百分率を用いて表すことができる。<br>・比較量と基準量から割合を求めたり，基準量と割合から比較量を求めたり，比較量と割合から基準量を求めたりすることができる。 | ・日常の事象における数量の関係に着目し，図や式などを用いて，ある二つの数量の関係と別の二つの数量の関係との比べ方を考察し，場面にあった比べ方を判断している。<br>・日常生活の問題（活用問題）を，割合を活用して解決している。 | ・二つの数量の関係に着目し，割合を用いて比べることのよさに気付き，学習したことを生活や学習に活用しようとしている。 |

## D　データの活用

### (1)「円グラフや帯グラフ」

| 知識・技能 | 思考・判断・表現 | 主体的に学習に取り組む態度 |
|---|---|---|
| ・円グラフや帯グラフの特徴とそれらの用い方を理解している。<br>・円グラフや帯グラフを用いて表したり，円グラフや帯グラフを読み取ったりすることができる。<br>・「問題−計画−データ−分析−結論」といった統計的な問題解決の方法を知っている。 | ・身近な題材から解決すべき問題を設定し，計画を立て，先を見通して観点を考えて必要なデータを集めている。<br>・問題を解決するために適切な表やグラフを選択してデータの特徴や傾向を捉え問題に対する結論を考えている。<br>・結論や集めたデータなどに対し，別の観点から見直したり再整理したりしている。 | ・データを収集したり分析したりした過程を振り返り，よりよい表現や結論の出し方を考えている。<br>・統計的な問題解決のよさに気付き，生活や学習に活用しようとしている。 |

### (2)「測定値の平均」

| 知識・技能 | 思考・判断・表現 | 主体的に学習に取り組む態度 |
|---|---|---|
| ・平均は，幾つかの数量を同じ大きさの数量にならすことであることを理解している。<br>・測定値を平均する方法を理解している。 | ・身の回りにある事柄について，より信頼できる値を求めるために，得られた測定値を平均する方法を考えている。<br>・日常生活の問題（活用問題）を，測定値を平均する方法を用いて解決している。 | ・より信頼できる値を求めるために平均を用いるよさに気付き，測定値を平均する方法を用いることができる場面を身の回りから見付けようとしている。 |

巻末
資料

## Ⅵ　第6学年

### A　数と計算

#### (1)「分数の乗法，除法」

| 知識・技能 | 思考・判断・表現 | 主体的に学習に取り組む態度 |
|---|---|---|
| ・乗数や除数が整数や分数である分数の乗法及び除法の意味について，小数の乗法及び除法の計算の考え方を基にして，理解している。<br>・分数の乗法及び除法の計算ができる。<br>・分数の乗法及び除法について，整数の場合と同じ関係や法則が成り立つことを理解している。 | ・分数の乗法及び除法について，数の意味と表現をもとにしたり，乗法及び除法に関して成り立つ性質を用いたりして，計算の仕方を多面的に捉え考えている。<br>・逆数を用いて除法を乗法としてみたり，整数や小数の乗法や除法を分数の場合の計算にまとめたりしている。 | ・学習したことをもとに，分数の乗法及び除法の計算の仕方を考えたり，計算の仕方を振り返り多面的に捉え検討したりしようとしている。<br>・整数や小数の乗法や除法を分数の場合の計算にまとめることができるよさに気付き，学習に活用しようとしている。 |

#### (2)「文字を用いた式」

| 知識・技能 | 思考・判断・表現 | 主体的に学習に取り組む態度 |
|---|---|---|
| ・数量を表す言葉や□，△などの代わりに，$a$，$x$ などの文字を用いて式に表すことができる。<br>・文字に数を当てはめて調べる活動などを通して，文字には，小数や分数も整数と同じように当てはめることができることを理解している。 | ・問題場面の数量の関係を，簡潔かつ一般的に表現したり，式の意味を読み取ったりしている。<br>・文字には，整数だけでなく，小数や分数も当てはめることができることを用いて数の範囲を拡張して考えている。 | ・問題解決に文字を用いた式を活用することで，数量の関係や自分の思考過程を簡潔に表現できるよさに気付いている。<br>・文字を用いた式を，進んで生活や学習に活用しようとしている。 |

### B　図形

#### (1)「縮図や拡大図，対称な図形」

| 知識・技能 | 思考・判断・表現 | 主体的に学習に取り組む態度 |
|---|---|---|
| ・縮図や拡大図について，その意味や，対応する角の大きさは全て等しく，対応する辺の長さの比はどこも一定であるなどの性質を理解している。<br>・方眼紙のます目を用いたり，対応する角の大きさは全て等 | ・図形間の関係を考察し，縮図や拡大図の性質を見いだしている。<br>・縮図や拡大図の性質をもとにして，縮図や拡大図のかき方を考えている。<br>・縮図や拡大図を活用して，実 | ・縮図や拡大図を簡潔・明瞭・的確に描こうとしたり，実際には測定しにくい長さの求め方を工夫して考えたりしている。<br>・実際には測定しにくい長さを縮図や拡大図を用いると求め |

| | | |
|---|---|---|
| しく，対応する辺の長さの比はどこも一定であることを用いたりして，縮図や拡大図をかくことができる。 | 際には測定しにくい長さの求め方を考えている。 | ることができるというよさに気付いている。<br>・縮図や拡大図を，身の回りから見付けようとしている。 |
| ・線対称な図形について，1本の直線を折り目として折ったとき，ぴったり重なる図形であることや，対応する点を結ぶ線分は，対称の軸によって垂直に二等分されることなどを理解している。<br>・点対称な図形について，対称の中心Oを中心にして180度回転したときに重なり合う図形であり，対応する点を結ぶ線分は全て，対称の中心を通り，その中心によって二等分されることなどを理解している。<br>・線対称な図形や点対称な図形をかくことができる。 | ・対称という観点から既習の図形を捉え直し，図形を分類整理したり，分類した図形の特徴を見いだしたりしている。<br>・図形を構成する要素の関係を考察し，線対称や点対称の図形の性質を見いだしている。<br>・線対称や点対称の図形の性質をもとにして，線対称や点対称な図形のかき方を考えている。 | ・対称な図形を，簡潔・明瞭・的確に描こうとしている。<br>・均整のとれた美しさ，安定性など対称な図形の美しさに気付いている。<br>・対称な図形を，身の回りから見付けようとしている。 |

### (2)「概形やおよその面積」

| 知識・技能 | 思考・判断・表現 | 主体的に学習に取り組む態度 |
|---|---|---|
| ・身の回りにある形について，これまでに求積してきた基本的な図形と捉えたり，それらの図形に分割した形として捉えたりすることで，およその面積や体積を求めることができることを理解している。<br>・身の回りにある形について，その概形を捉え，目的に応じて，適切な桁数の計算をし，およその面積や体積を求めることができる。 | ・身の回りにある図の面積や体積を測定する際に，これまでに学習してきた基本的な図形と対応させ，筋道を立てて考えている。 | ・身の回りにある形について，その概形をとらえて，およその面積を求めようとしている。 |

### (3) 「円の面積」

| 知識・技能 | 思考・判断・表現 | 主体的に学習に取り組む態度 |
| --- | --- | --- |
| ・円の面積は，（半径）×（半径）×（円周率）で求めることができることを理解し，円の面積を求めることができる。<br>・公式が半径を一辺とする正方形の面積の3.14倍を意味していることを，図と関連付けて理解している。 | ・円の面積の求め方について，図形を構成する要素などに着目して，既習の求積可能な図形の面積の求め方を基に考えたり，説明したりしている。<br>・円の面積を求める式を読み，もとの円のどこの長さに着目すると面積を求めることができるのかを振り返って考え，簡潔かつ的確な表現に高めながら，公式を導いている。 | ・円の面積を求める公式をつくる際に，簡潔かつ的確な表現に高めようとしている。<br>・半径の長さがわかれば，公式にあてはめることで円の面積を求めることができるというよさに気付いている。<br>・円の面積の求め方を，進んで生活や学習に活用しようとしている。 |

### (4) 「角柱及び円柱の体積」

| 知識・技能 | 思考・判断・表現 | 主体的に学習に取り組む態度 |
| --- | --- | --- |
| ・角柱や円柱の体積について，立方体や直方体の場合の体積の求め方を基にして，計算によって求めることができることを理解している。<br>・角柱や円柱の体積は，（底面積）×（高さ）で求めることができることを理解し，角柱や円柱の体積を求めることができる。 | ・角柱，円柱の体積の求め方について，図形を構成する要素などに着目して，既習の立方体，直方体の体積の求め方を基にしたり，図形の面積の学習と関連付けたりして考えている。<br>・体積の求め方を振り返り，式から，どんな角柱も円柱も，（底面積）×（高さ）で求めることができることに気付き，公式として捉え直している。 | ・角柱，円柱の体積を求める公式をつくる際に，簡潔かつ的確な表現に高めようとしている。<br>・底面積と高さがわかれば，公式に当てはめることで角柱や円柱の体積を求めることができるというよさに気付いている。<br>・角柱，円柱の体積の求め方を，進んで生活や学習に活用しようとしている。 |

### C 変化と関係

#### (1) 「比例」

| 知識・技能 | 思考・判断・表現 | 主体的に学習に取り組む態度 |
| --- | --- | --- |
| ・比例の意味として，二つの数量A，Bがあり，一方の数量が2倍，3倍，4倍，…と変化するのに伴って，他方の数量も2倍，3倍，4倍，…と変化し，一方が，$\frac{1}{2}$，$\frac{1}{3}$，$\frac{1}{4}$， | ・伴って変わる二つの数量について，比例の関係にある数量を見いだしている。<br>・比例の関係を用いて問題を解決する際に，目的に応じて，式，表，グラフなどの適切な | ・生活や学習に，比例が活用できる場面を見付け，能率のよい処理の仕方を求め，積極的に比例の関係を生かしていこうとしている。<br>・目的に応じて適切な表現を用 |

| | | |
|---|---|---|
| …と変化するのに伴って，他方も，$\frac{1}{2}$，$\frac{1}{3}$，$\frac{1}{4}$，…と変化することを理解している。 | 表現を選択して，変化や対応の特徴を見いだしている。 | いるなど，式，表，グラフの表現の特徴やそのよさに気付いている。 |
| ・二つの数量の対応している値の商に着目すると，それがどこも一定になっていることを理解している。 | ・日常生活や算数の学習などの比例が活用できる場面において，比例の関係を生かして問題を解決している。 | ・問題解決の方法や結果を評価し，必要に応じて，目的により適したものに改善していこうとしている。 |
| ・比例の関係を表す式が，$y =$（決まった数）$\times x$ という形で表されることや，グラフが原点を通る直線として表されることを理解している。 | ・比例を用いた問題解決の方法や結果を評価し，必要に応じて，目的により適したものに改善している。 | |
| ・比例の関係を利用することで，手際よく問題を解決できる場合があることや，比例の関係を用いて問題を解決していく方法を知っている。 | | |
| ・反比例の意味として，比例の場合に対応して，二つの数量A，Bがあり，一方の数量が2倍，3倍，4倍，…と変化するのに伴って，他方の数量は$\frac{1}{2}$，$\frac{1}{3}$，$\frac{1}{4}$，…と変化し，一方が，$\frac{1}{2}$，$\frac{1}{3}$，$\frac{1}{4}$，…と変化するのに伴って，他方は，2倍，3倍，4倍，…と変化することを知っている。 | | |
| ・二つの数量の対応している値の積に着目すると，それがどこも一定になっているということを知っている。 | | |
| ・反比例の関係を表す式が，$x \times y =$（決まった数）という形で表されることや，グラフについて，比例のグラフとの違いを知っている。 | | |

巻末
資料

### (2) 「比」

| 知識・技能 | 思考・判断・表現 | 主体的に学習に取り組む態度 |
|---|---|---|
| ・二つの数量の大きさを比較しその割合を表す場合に，簡単な整数などの組を用いて表すことを理解している。<br>・数量の関係を比で表すことができる。<br>・比の値を用いて，等しい比かどうかを確かめられることを理解し，等しい比をつくることができる。 | ・二つの数量の関係を，比例の関係を前提に，割合でみてよいかを判断している。<br>・日常の事象における数量の関係に着目し，目的に応じて，図や式を関連付けたり用いたりしながら，数量の関係を比に表し考察し，結論を導いている。 | ・生活や学習に，比が活用できる場面を見付けたり，生かしたりしながら，比による数量の関係への着目の仕方に親しんでいる。<br>・二つの数量の関係を捉える際に，整数の組で捉えた方が，数量の関係が見やすかったり，処理がしやすかったりする場合があるという比のよさに気付いている。 |

## D　データの活用

### (1) 「データの考察」

| 知識・技能 | 思考・判断・表現 | 主体的に学習に取り組む態度 |
|---|---|---|
| ・平均値，中央値，最頻値などの代表値の意味や求め方を理解している。<br>・度数分布を表す表やドットプロットや柱状グラフの特徴及びそれらの用い方を理解している。<br>・目的に応じてデータを収集したり適切な手法を選択したりするなど，統計的な問題解決の方法を知っている。 | ・身の回りにある不確定な事象から統計的に解決する問題として設定し，計画を立て，データの集め方や分析の仕方を見通して必要なデータを集めている。<br>・データの種類や項目の数を考え，目的に応じて表やグラフに表し，代表値や全体の分布の様子から，問題に対する結論を判断している。<br>・結論や問題解決の過程が妥当であるかどうかを，別の観点や立場から批判的に考察している。 | ・データを収集したり分析したりした過程を振り返り，よりよい表現や結論の出し方を考えている。<br>・統計的な問題解決のよさに気付き，生活や学習に活用しようとしている。 |

### (2) 「起こり得る場合」

| 知識・技能 | 思考・判断・表現 | 主体的に学習に取り組む態度 |
|---|---|---|
| ・順序や組み合わせなどの事象について，落ちや重なりがないように，図や表などを用い | ・落ちや重なりなく調べるために，観点を決め，順序よく整理して考えている。 | ・図，表などを用いて表すなどの工夫をしながら，落ちや重なりがないように，順序よく |

| て，規則に従って正しく並べ<br>たり，整理して見やすくした<br>りして，全ての場合を調べる<br>方法を知り，調べることがで<br>きる。 | ・図や表を適切に用いたり，名<br>前を記号化して端的に表した<br>りして，順序よく筋道立てて<br>考えている。 | 調べていこうとしている。<br>・順序や組み合わせの求め方<br>を，進んで生活や学習に活用<br>しようとしている。 |
|---|---|---|

巻末
資料

評価規準，評価方法等の工夫改善に関する調査研究について

平成 31 年 2 月 4 日　国立教育政策研究所長裁定
平成 31 年 4 月 12 日　一　　部　　改　　正

## 1　趣　旨

　学習評価については，中央教育審議会初等中等教育分科会教育課程部会において「児童生徒の学習評価の在り方について」（平成 31 年 1 月 21 日）の報告がまとめられ，新しい学習指導要領に対応した，各教科等の評価の観点及び評価の観点に関する考え方が示されたところである。

　これを踏まえ，各小学校，中学校及び高等学校における児童生徒の学習の効果的，効率的な評価に資するため，教科等ごとに，評価規準，評価方法等の工夫改善に関する調査研究を行う。

## 2　調査研究事項

（1）評価規準及び当該規準を用いた評価方法に関する参考資料の作成
（2）学校における学習評価に関する取組についての情報収集
（3）上記（1）及び（2）に関連する事項

## 3　実施方法

　調査研究に当たっては，教科等ごとに教育委員会関係者，教師及び学識経験者等を協力者として委嘱し，2 の事項について調査研究を行う。

## 4　庶　務

　この調査研究にかかる庶務は，教育課程研究センターにおいて処理する。

## 5　実施期間

　平成 31 年 4 月 19 日〜令和 2 年 3 月 31 日

巻末資料

評価規準，評価方法等の工夫改善に関する調査研究協力者（五十音順）

（職名は平成31年4月現在）

久下谷　明　　　　お茶の水女子大学附属小学校教諭

倉次　麻衣　　　　東京学芸大学附属竹早小学校教諭

清水　紀宏　　　　福岡教育大学副学長・教授

下道　成人　　　　大阪府泉大津市立条南小学校首席

高橋　丈夫　　　　成城学園初等学校教諭

田村　真生　　　　大阪市立玉川小学校指導教諭

蒔苗　直道　　　　筑波大学准教授

増本　敦子　　　　東京都杉並区立杉並第七小学校主任教諭

国立教育政策研究所においては，次の関係官が担当した。

笠井　健一　　　　国立教育政策研究所教育課程研究センター研究開発部教育課程調査官

この他，本書編集の全般にわたり，国立教育政策研究所において以下の者が担当した。

笹井　弘之　　　　国立教育政策研究所教育課程研究センター長

清水　正樹　　　　国立教育政策研究所教育課程研究センター研究開発部副部長

髙井　修　　　　　国立教育政策研究所教育課程研究センター研究開発部研究開発課長

高橋　友之　　　　国立教育政策研究所教育課程研究センター研究開発部研究開発課指導係長

奥田　正幸　　　　国立教育政策研究所教育課程研究センター研究開発部研究開発課指導係専門職

森　孝博　　　　　国立教育政策研究所教育課程研究センター研究開発部教育課程調査官

# 学習指導要領等関係資料について

　学習指導要領等の関係資料は以下のとおりです。いずれも，文部科学省や国立教育政策研究所のウェブサイトから閲覧が可能です。スマートフォンなどで閲覧する際は，以下の二次元コードを読み取って，資料に直接アクセスする事が可能です。本書と合わせて是非ご覧ください。

① 学習指導要領、学習指導要領解説　等
② 中央教育審議会答申「幼稚園、小学校、中学校、高等学校及び特別支援学校の学習指導要領等の改善及び必要な方策等について」(平成28年12月21日)
③ 中央教育審議会初等中等教育分科会教育課程部会報告「児童生徒の学習評価の在り方について」(平成31年1月21日)
④ 小学校，中学校，高等学校及び特別支援学校等における児童生徒の学習評価及び指導要録の改善等について(平成31年3月29日30文科初第1845号初等中等教育局長通知)
　　　　　　　　　　※各教科等の評価の観点等及びその趣旨や指導要録(参考様式)は，同通知に掲載。
⑤ 学習評価の在り方ハンドブック(小・中学校編)(令和元年6月)
⑥ 学習評価の在り方ハンドブック(高等学校編)(令和元年6月)
⑦ 平成29年改訂の小・中学校学習指導要領に関するQ&A
⑧ 平成30年改訂の高等学校学習指導要領に関するQ&A
⑨ 平成29・30年改訂の学習指導要領下における学習評価に関するQ&A

① ② ③
④ ⑤ ⑥
⑦ ⑧ ⑨

巻末
資料

# 学習評価の
# 在り方
# ハンドブック

小・中学校編

文部科学省 国立教育政策研究所教育課程研究センター

# 学 習 指 導 要 領

## 学習指導要領とは, 国が定めた「教育課程の基準」です。

（学校教育法施行規則第52条, 74条,84条及び129条等より）

## ■学習指導要領の構成
### 〈小学校の例〉

前文
第1章　総則
第2章　各教科
　　　第1節　　国語
　　　第2節　　社会
　　　第3節　　算数
　　　第4節　　理科
　　　第5節　　生活
　　　第6節　　音楽
　　　第7節　　図画工作
　　　第8節　　家庭
　　　第9節　　体育
　　　第10節　　外国語
第3章　特別の教科 道徳
第4章　外国語活動
第5章　総合的な学習の時間
第6章　特別活動

**総則は, 以下の項目で整理され, 全ての教科等に共通する事項が記載されています。**

- 第1　小学校教育の基本と教育課程の役割
- 第2　教育課程の編成
- 第3　教育課程の実施と学習評価
- 第4　児童の発達の支援
- 第5　学校運営上の留意事項
- 第6　道徳教育に関する配慮事項

> 学習評価の実施に当たっての配慮事項

**各教科等の目標, 内容等が記載されています。**

（例）第1節　国語

- 第1　目標
- 第2　各学年の目標及び内容
- 第3　指導計画の作成と内容の取扱い

平成29年改訂学習指導要領の各教科等の目標や内容は, 教育課程全体を通して育成を目指す資質・能力の三つの柱に基づいて再整理されています。

ア　何を理解しているか, 何ができるか
　　（生きて働く「知識・技能」の習得）
イ　理解していること・できることをどう使うか（未知の状況にも対応できる「思考力・判断力・表現力等」の育成）
ウ　どのように社会・世界と関わり, よりよい人生を送るか
　　（学びを人生や社会に生かそうとする「学びに向かう力・人間性等」の涵養）

平成29年改訂「小学校学習指導要領」より
※中学校もおおむね同様の構成です。

---

詳しくは, 文部科学省Webページ「学習指導要領のくわしい内容」をご覧ください。
(http://www.mext.go.jp/a_menu/shotou/new-cs/1383986.htm)

# 学習指導要領解説

学習指導要領解説とは，大綱的な基準である学習指導要領の記述の意味や解釈などの詳細について説明するために，文部科学省が作成したものです。

## ■学習指導要領解説の構成
〈小学校 国語編の例〉

**●第1章　総説**
1　改訂の経緯及び基本方針
2　国語科の改訂の趣旨及び要点

> 総説
> 改訂の経緯及び
> 基本方針

**●第2章　国語科の目標及び内容**
第1節　国語科の目標
1　教科の目標
2　学年の目標
第2節　国語科の内容
1　内容の構成
2　〔知識及び技能〕の内容
3　〔思考力，判断力，表現力等〕の内容

**●付録**
付録1：学校教育施行規則（抄）
付録2：小学校学習指導要領　第1章　総則
付録3：小学校学習指導要領　第2章　第1節　国語
付録4：教科の目標，各学年の目標及び内容の系統表
　　　　（小・中学校国語科）
付録5：中学校学習指導要領　第2章　第1節　国語
付録6：小学校学習指導要領　第2章　第10節　外国語
付録7：小学校学習指導要領　第4章　外国語活動
付録8：小学校学習指導要領　第3章　特別の教科　道徳
付録9：「道徳の内容」の学年段階・学校段階の一覧表
付録10：幼稚園教育要領

**●第3章　各学年の内容**
第1節　第1学年及び第2学年の内容
1　〔知識及び技能〕
2　〔思考力，判断力，表現力等〕
第2節　第3学年及び第4学年の内容
1　〔知識及び技能〕
2　〔思考力，判断力，表現力等〕
第3節　第5学年及び第6学年の内容
1　〔知識及び技能〕
2　〔思考力，判断力，表現力等〕

> 教科等の目標
> 及び内容の概要

> 参考
> （系統性等）

> 学年や
> 分野ごとの内容

**●第4章　指導計画の作成と内容の取扱い**
1　指導計画作成上の配慮事項
2　内容の取扱いについての配慮事項
3　教材についての配慮事項

> 指導計画作成や
> 内容の取扱いに係る配慮事項

「小学校学習指導要領解説 国語編」より
※中学校もおおむね同様の構成です。「総則編」，「総合的な学習の時間編」及び「特別活動編」は異なった構成となっています。

> 教師は，学習指導要領で定めた資質・能力が，児童生徒に確実に育成されているかを評価します

# 学習評価の基本的な考え方

学習評価は, 学校における教育活動に関し, 児童生徒の学習状況を評価するものです。「児童生徒にどういった力が身に付いたか」という学習の成果を的確に捉え, **教師が指導の改善を図る**とともに, **児童生徒自身が自らの学習を振り返って次の学習に向かうことができるようにする**ためにも, 学習評価の在り方は重要であり, 教育課程や学習・指導方法の改善と一貫性のある取組を進めることが求められます。

## ▍カリキュラム・マネジメントの一環としての指導と評価

各学校は, 日々の授業の下で児童生徒の学習状況を評価し, その結果を児童生徒の学習や教師による指導の改善や学校全体としての教育課程の改善, 校務分掌を含めた組織運営等の改善に生かす中で, 学校全体として組織的かつ計画的に教育活動の質の向上を図っています。

このように, 「学習指導」と「学習評価」は学校の教育活動の根幹であり, 教育課程に基づいて組織的かつ計画的に教育活動の質の向上を図る「カリキュラム・マネジメント」の中核的な役割を担っています。

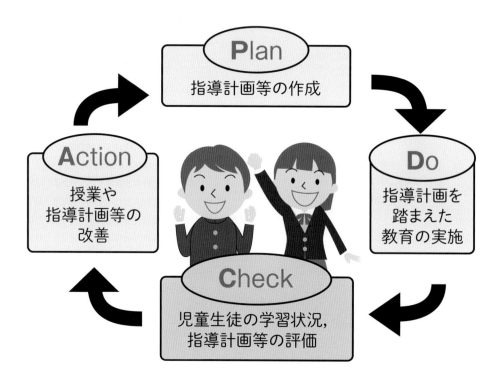

## ▍主体的・対話的で深い学びの視点からの授業改善と評価

指導と評価の一体化を図るためには, 児童生徒一人一人の学習の成立を促すための評価という視点を一層重視することによって, 教師が自らの指導のねらいに応じて授業の中での児童生徒の学びを振り返り, 学習や指導の改善に生かしていくというサイクルが大切です。平成29年改訂学習指導要領で重視している「主体的・対話的で深い学び」の視点からの授業改善を通して, 各教科等における資質・能力を確実に育成する上で, 学習評価は重要な役割を担っています。

☑ 教師の指導改善に
つながるものにしていくこと

☑ 児童生徒の学習改善に
つながるものにしていくこと

☑ これまで慣行として行われてきたことでも,
必要性・妥当性が認められないものは
見直していくこと

次の授業では
○○を重点的に
指導しよう。

○○のところは
もっと〜した方が
よいですね。

詳しくは, 平成31年3月29日文部科学省初等中等教育局長通知「小学校,中学校,高等学校及び特別支援学校等における児童生徒の学習評価及び指導要録の改善等について (通知)」をご覧ください。
(http://www.mext.go.jp/b_menu/hakusho/nc/1415169.htm)

## コラム　　　評価に戸惑う児童生徒の声

「先生によって観点の重みが違うんです。授業態度をとても重視する先生もいるし,テストだけで判断するという先生もいます。そうすると,どう努力していけばよいのか本当に分かりにくいんです。」(中央教育審議会初等中等教育分科会教育課程部会 児童生徒の学習評価に関するワーキンググループ第7回における高等学校3年生の意見より)

あくまでこれは一部の意見ですが,学習評価に対する児童生徒のこうした意見には,適切な評価を求める切実な思いが込められています。そのような児童生徒の声に応えるためにも,教師は,児童生徒への学習状況のフィードバックや,授業改善に生かすという評価の機能を一層充実させる必要があります。教師と児童生徒が共に納得する学習評価を行うためには,評価規準を適切に設定し,評価の規準や方法について,教師と児童生徒及び保護者で共通理解を図るガイダンス的な機能と,児童生徒の自己評価と教師の評価を結び付けていくカウンセリング的な機能を充実させていくことが重要です。

*Column*

# 学習評価の基本構造

　平成29年改訂で,学習指導要領の目標及び内容が資質・能力の三つの柱で再整理されたことを踏まえ,各教科における観点別学習状況の評価の観点については,「知識・技能」,「思考・判断・表現」,「主体的に学習に取り組む態度」の3観点に整理されています。

「学びに向かう力,人間性等」には
①「主体的に学習に取り組む態度」として観点別評価（学習状況を分析的に捉える）を通じて見取ることができる部分と,
②観点別評価や評定にはなじまず,こうした評価では示しきれないことから個人内評価を通じて見取る部分があります。

## 各教科における評価の基本構造

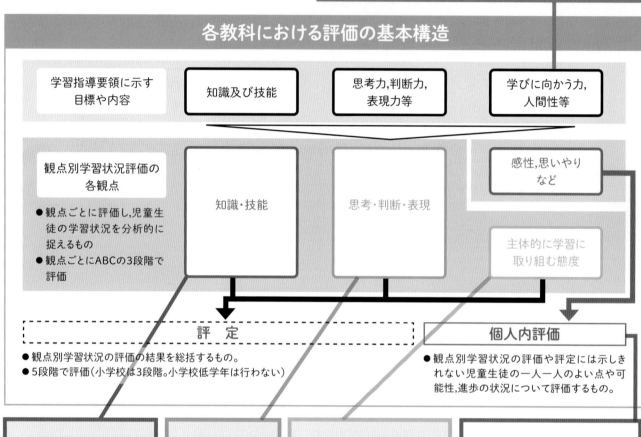

| 学習指導要領に示す目標や内容 | 知識及び技能 | 思考力,判断力,表現力等 | 学びに向かう力,人間性等 |

観点別学習状況評価の各観点
● 観点ごとに評価し,児童生徒の学習状況を分析的に捉えるもの
● 観点ごとにABCの3段階で評価

| 知識・技能 | 思考・判断・表現 | 感性,思いやりなど |

主体的に学習に取り組む態度

**評 定**
● 観点別学習状況の評価の結果を総括するもの。
● 5段階で評価(小学校は3段階。小学校低学年は行わない)

**個人内評価**
● 観点別学習状況の評価や評定には示しきれない児童生徒の一人一人のよい点や可能性,進歩の状況について評価するもの。

　各教科等における学習の過程を通した知識及び技能の習得状況について評価を行うとともに,それらを既有の知識及び技能と関連付けたり活用したりする中で,他の学習や生活の場面でも活用できる程度に概念等を理解したり,技能を習得したりしているかを評価します。

　各教科等の知識及び技能を活用して課題を解決する等のために必要な思考力,判断力,表現力等を身に付けているかどうかを評価します。

　知識及び技能を獲得したり,思考力,判断力,表現力等を身に付けたりするために,自らの学習状況を把握し,学習の進め方について試行錯誤するなど自らの学習を調整しながら,学ぼうとしているかどうかという意思的な側面を評価します。

　個人内評価の対象となるものについては,児童生徒が学習したことの意義や価値を実感できるよう,日々の教育活動等の中で児童生徒に伝えることが重要です。特に,「学びに向かう力,人間性等」のうち「感性や思いやり」など児童生徒一人一人のよい点や可能性,進歩の状況などを積極的に評価し児童生徒に伝えることが重要です。

　詳しくは,平成31年1月21日文部科学省中央教育審議会初等中等教育分科会教育課程部会「児童生徒の学習評価の在り方について（報告）」をご覧ください。
（http://www.mext.go.jp/b_menu/shingi/chukyo/chukyo3/004/gaiyou/1412933.htm）

# 特別の教科 道徳, 外国語活動, 総合的な学習の時間及び特別活動の評価について

特別の教科 道徳, 外国語活動(小学校のみ), 総合的な学習の時間, 特別活動についても, 学習指導要領で示したそれぞれの目標や特質に応じ, 適切に評価します。なお, 道徳科の評価は, 入学者選抜の合否判定に活用することのないようにする必要があります。

## 特別の教科 道徳(道徳科)

児童生徒の人格そのものに働きかけ, 道徳性を養うことを目標とする道徳科の評価としては, 観点別評価は妥当ではありません。授業において児童生徒に考えさせることを明確にして, 「道徳的諸価値についての理解を基に, 自己を見つめ, 物事を(広い視野から)多面的・多角的に考え, 自己の(人間としての)生き方についての考えを深める」という学習活動における児童生徒の具体的な取組状況を, 一定のまとまりの中で, 児童生徒が学習の見通しを立てたり学習したことを振り返ったりする活動を適切に設定しつつ, 学習活動全体を通して見取ります。

## 外国語活動(小学校のみ)

評価の観点については, 学習指導要領に示す「第1目標」を踏まえ, 右の表を参考に設定することとしています。この3つの観点に則して児童の学習状況を見取ります。

| 知識・技能 | 思考・判断・表現 | 主体的に学習に取り組む態度 |
|---|---|---|
| ●外国語を通して, 言語や文化について体験的に理解を深めている。<br>●日本語と外国語の音声の違い等に気付いている。<br>●外国語の音声や基本的な表現に慣れ親しんでいる。 | 身近で簡単な事柄について, 外国語で聞いたり話したりして自分の考えや気持ちなどを伝え合っている。 | 外国語を通して, 言語やその背景にある文化に対する理解を深め, 相手に配慮しながら, 主体的に外国語を用いてコミュニケーションを図ろうとしている。 |

## 総合的な学習の時間

評価の観点については, 学習指導要領に示す「第1目標」を踏まえ, 各学校において具体的に定めた目標, 内容に基づいて, 右の表を参考に定めることとしています。この3つの観点に則して児童生徒の学習状況を見取ります。

| 知識・技能 | 思考・判断・表現 | 主体的に学習に取り組む態度 |
|---|---|---|
| 探究的な学習の過程において, 課題の解決に必要な知識や技能を身に付け, 課題に関わる概念を形成し, 探究的な学習のよさを理解している。 | 実社会や実生活の中から問いを見いだし, 自分で課題を立て, 情報を集め, 整理・分析して, まとめ・表現している。 | 探究的な学習に主体的・協働的に取り組もうとしているとともに, 互いのよさを生かしながら, 積極的に社会に参画しようとしている。 |

## 特別活動

特別活動の特質と学校の創意工夫を生かすということから, 設置者ではなく, 各学校が評価の観点を定めることとしています。その際, 学習指導要領に示す特別活動の目標や学校として重点化した内容を踏まえ, 例えば以下のように, 具体的に観点を示すことが考えられます。

| 特別活動の記録 | | | | | | | |
|---|---|---|---|---|---|---|---|
| 内容 | 観点 \ 学年 | 1 | 2 | 3 | 4 | 5 | 6 |
| 学級活動 | よりよい生活を築くための知識・技能 | ○ | | ○ | ○ | ○ | |
| 児童会活動 | 集団や社会の形成者としての思考・判断・表現 | | ○ | ○ | | ○ | |
| クラブ活動 | 主体的に生活や人間関係をよりよくしようとする態度 | | | | ○ | | |
| 学校行事 | | | ○ | | ○ | ○ | |

各学校で定めた観点を記入した上で, 内容ごとに, 十分満足できる状況にあると判断される場合に, ○印を記入します。

○印をつけた具体的な活動の状況等については, 「総合所見及び指導上参考となる諸事項」の欄に簡潔に記述することで, 評価の根拠を記録に残すことができます。

小学校児童指導要録(参考様式)様式2の記入例(5年生の例)

なお, 特別活動は学級担任以外の教師が指導する活動が多いことから, 評価体制を確立し, 共通理解を図って, 児童生徒のよさや可能性を多面的・総合的に評価するとともに, 確実に資質・能力が育成されるよう指導の改善に生かすことが求められます。

# 観点別学習状況の評価について

　観点別学習状況の評価とは, 学習指導要領に示す目標に照らして, その実現状況がどのようなものであるかを, 観点ごとに評価し, 児童生徒の学習状況を分析的に捉えるものです。

## ▌「知識・技能」の評価の方法

　「知識・技能」の評価の考え方は, 従前の評価の観点である「知識・理解」, 「技能」においても重視してきたところです。具体的な評価方法としては, 例えばペーパーテストにおいて, 事実的な知識の習得を問う問題と, 知識の概念的な理解を問う問題とのバランスに配慮するなどの工夫改善を図る等が考えられます。また, 児童生徒が文章による説明をしたり, 各教科等の内容の特質に応じて, 観察・実験をしたり, 式やグラフで表現したりするなど実際に知識や技能を用いる場面を設けるなど, 多様な方法を適切に取り入れていくこと等も考えられます。

## ▌「思考・判断・表現」の評価の方法

　「思考・判断・表現」の評価の考え方は, 従前の評価の観点である「思考・判断・表現」においても重視してきたところです。具体的な評価方法としては, ペーパーテストのみならず, 論述やレポートの作成, 発表, グループや学級における話合い, 作品の制作や表現等の多様な活動を取り入れたり, それらを集めたポートフォリオを活用したりするなど評価方法を工夫することが考えられます。

## ▌「主体的に学習に取り組む態度」の評価の方法

　具体的な評価方法としては, ノートやレポート等における記述, 授業中の発言, 教師による行動観察や, 児童生徒による自己評価や相互評価等の状況を教師が評価を行う際に考慮する材料の一つとして用いることなどが考えられます。その際, 各教科等の特質に応じて, 児童生徒の発達の段階や一人一人の個性を十分に考慮しながら, 「知識・技能」や「思考・判断・表現」の観点の状況を踏まえた上で, 評価を行う必要があります。

## 「主体的に学習に取り組む態度」の評価のイメージ

○「主体的に学習に取り組む態度」の評価については、①知識及び技能を獲得したり、思考力、判断力、表現力等を身に付けたりすることに向けた粘り強い取組を行おうとする側面と、②①の粘り強い取組を行う中で、自らの学習を調整しようとする側面、という二つの側面から評価することが求められる。

○これら①②の姿は実際の教科等の学びの中では別々ではなく相互に関わり合いながら立ち現れるものと考えられる。例えば、自らの学習を全く調整しようとせず粘り強く取り組み続ける姿や、粘り強さが全くない中で自らの学習を調整する姿は一般的ではない。

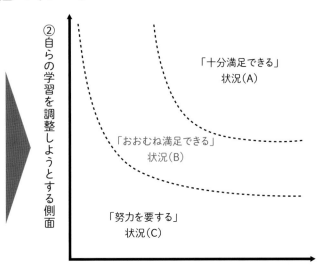

　ここでの評価は、その学習の調整が「適切に行われるか」を必ずしも判断するものではなく、学習の調整が知識及び技能の習得などに結びついていない場合には、教師が学習の進め方を適切に指導することが求められます。

## 「自らの学習を調整しようとする側面」とは…

　自らの学習状況を把握し、学習の進め方について試行錯誤するなどの意思的な側面のことです。評価に当たっては、児童生徒が自らの理解の状況を振り返ることができるような発問の工夫をしたり、自らの考えを記述したり話し合ったりする場面、他者との協働を通じて自らの考えを相対化する場面を、単元や題材などの内容のまとまりの中で設けたりするなど、「主体的・対話的で深い学び」の視点からの授業改善を図る中で、適切に評価できるようにしていくことが重要です。

**コラム**

「主体的に学習に取り組む態度」は、「関心・意欲・態度」と同じ趣旨ですが…
### ～こんなことで評価をしていませんでしたか？～

　平成31年1月21日文部科学省中央教育審議会初等中等教育分科会教育課程部会「児童生徒の学習評価の在り方について（報告）」では、学習評価について指摘されている課題として、「関心・意欲・態度」の観点について「学校や教師の状況によっては、挙手の回数や毎時間ノートを取っているかなど、性格や行動面の傾向が一時的に表出された場面を捉える評価であるような誤解が払拭し切れていない」ということが指摘されました。これを受け、従来から重視されてきた各教科等の学習内容に関心をもつことのみならず、よりよく学ぼうとする意欲をもって学習に取り組む態度を評価するという趣旨が改めて強調されました。

*Column*

# 学習評価の充実

## 学習評価の妥当性, 信頼性を高める工夫の例

- 評価規準や評価方法について,事前に教師同士で検討するなどして明確にすること,評価に関する実践事例を蓄積し共有していくこと,評価結果についての検討を通じて評価に係る教師の力量の向上を図ることなど,学校として組織的かつ計画的に取り組む。
- 学校が児童生徒や保護者に対し,評価に関する仕組みについて事前に説明したり,評価結果について丁寧に説明したりするなど,評価に関する情報をより積極的に提供し児童生徒や保護者の理解を図る。

## 評価時期の工夫の例

- 日々の授業の中では児童生徒の学習状況を把握して指導に生かすことに重点を置きつつ,各教科における「知識・技能」及び「思考・判断・表現」の評価の記録については,原則として単元や題材などのまとまりごとに,それぞれの実現状況が把握できる段階で評価を行う。
- 学習指導要領に定められた各教科等の目標や内容の特質に照らして,複数の単元や題材などにわたって長期的な視点で評価することを可能とする。

## 学年や学校間の円滑な接続を図る工夫の例

- 「キャリア・パスポート」を活用し,児童生徒の学びをつなげることができるようにする。
- 小学校段階においては,幼児期の教育との接続を意識した「スタートカリキュラム」を一層充実させる。
- 高等学校段階においては,入学者選抜の方針や選抜方法の組合せ,調査書の利用方法,学力検査の内容等について見直しを図ることが考えられる。

## 評価方法の工夫の例

### 全国学力・学習状況調査
### （問題や授業アイディア例）を参考にした例

　平成19年度より毎年行われている全国学力・学習状況調査では，知識及び技能等を実生活の様々な場面に活用する力や，様々な課題解決のための構想を立て実践し評価・改善する力などに関わる内容の問題が出題されています。

　全国学力・学習状況調査の解説資料や報告書，授業アイディア例を参考にテストを作成したり，授業を工夫したりすることもできます。

　詳しくは，国立教育政策研究所Webページ「全国学力・学習状況調査」をご覧ください。
（http://www.nier.go.jp/kaihatsu/zenkokugakuryoku.html）

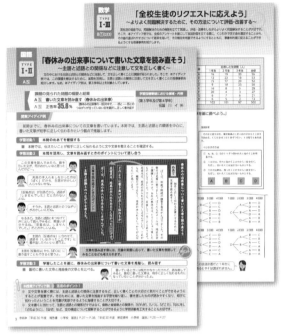

授業アイディア例

# 評価の方法の共有で働き方改革

　ペーパーテスト等のみにとらわれず，一人一人の学びに着目して評価をすることは，教師の負担が増えることのように感じられるかもしれません。しかし，児童生徒の学習評価は教育活動の根幹であり，「カリキュラム・マネジメント」の中核的な役割を担っています。その際，助けとなるのは，教師間の協働と共有です。

　評価の方法やそのためのツールについての悩みを一人で抱えることなく，学校全体や他校との連携の中で，計画や評価ツールの作成を分担するなど，これまで以上に協働と共有を進めれば，教師一人当たりの量的・時間的・精神的な負担の軽減につながります。風通しのよい評価体制を教師間で作っていくことで，評価方法の工夫改善と働き方改革にもつながります。

### 「指導と評価の一体化の取組状況」

A:学習評価を通じて，学習評価のあり方を見直すことや個に応じた指導の充実を図るなど，指導と評価の一体化に学校全体で取り組んでいる。

B:指導と評価の一体化の取組は，教師個人に任されている。

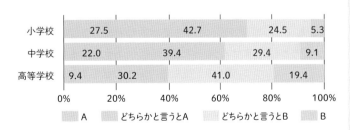

（平成29年度文部科学省委託調査「学習指導と学習評価に対する意識調査」より）

# Q&A －先生方の質問にお答えします－

## Q1 1回の授業で，3つの観点全てを評価しなければならないのですか。

**A.** 学習評価については，日々の授業の中で児童生徒の学習状況を適宜把握して指導の改善に生かすことに重点を置くことが重要です。したがって観点別学習状況の評価の記録に用いる評価については，毎回の授業ではなく原則として単元や題材などの内容や時間のまとまりごとに，それぞれの実現状況を把握できる段階で行うなど，その場面を精選することが重要です。

## Q2 「十分満足できる」状況（A）はどのように判断したらよいのですか。

**A.** 各教科において「十分満足できる」状況（A）と判断するのは，評価規準に照らし，児童生徒が実現している学習の状況が質的な高まりや深まりをもっていると判断される場合です。「十分満足できる」状況（A）と判断できる児童生徒の姿は多様に想定されるので，学年会や教科部会等で情報を共有することが重要です。

## Q3 指導要録の文章記述欄が多く，かなりの時間を要している現状を解決できませんか。

**A.** 本来，学習評価は日常の指導の場面で，児童生徒本人へフィードバックを行う機会を充実させるとともに，通知表や面談などの機会を通して，保護者との間でも評価に関する情報共有を充実させることが重要です。このため，指導要録における文章記述欄については，例えば，「総合所見及び指導上参考となる諸事項」については，要点を箇条書きとするなど，必要最小限のものとなるようにしました。また，小学校第3学年及び第4学年における外国語活動については，記述欄を簡素化した上で，評価の観点に即して，児童の学習状況に顕著な事項がある場合などにその特徴を記入することとしました。

## Q4 評定以外の学習評価についても保護者の理解を得るにはどのようにすればよいのでしょうか。

**A.** 保護者説明会等において，学習評価に関する説明を行うことが効果的です。各教科等における成果や課題を明らかにする「観点別学習状況の評価」と，教育課程全体を見渡した学習状況を把握することが可能な「評定」について，それぞれの利点や，上級学校への入学者選抜に係る調査書のねらいや活用状況を明らかにすることは，保護者との共通理解の下で児童生徒への指導を行っていくことにつながります。

## Q5 障害のある児童生徒の学習評価について，どのようなことに配慮すべきですか。

**A.** 学習評価に関する基本的な考え方は，障害のある児童生徒の学習評価についても変わるものではありません。このため，障害のある児童生徒については，特別支援学校等の助言または援助を活用しつつ，個々の児童生徒の障害の状態等に応じた指導内容や指導方法の工夫を行い，その評価を適切に行うことが必要です。また，指導要録の通級による指導に関して記載すべき事項が個別の指導計画に記載されている場合には，その写しをもって指導要録への記入に替えることも可能としました。

文部科学省
国立教育政策研究所
National Institute for Educational Policy Research
NIER

令和元年6月
文部科学省　国立教育政策研究所教育課程研究センター
〒100-8951 東京都千代田区霞が関3丁目2番2号　TEL 03-6733-6833（代表）

# 「指導と評価の一体化」のための
# 学習評価に関する参考資料
# 【小学校　算数】

| 令和2年6月27日 | 初版発行 |
| 令和6年5月20日 | 8版発行 |

| 著作権所有 | 国立教育政策研究所<br>教育課程研究センター |

| 発　行　者 | 東京都千代田区神田錦町2丁目9番1号<br>コンフォール安田ビル2階<br>株式会社　東洋館出版社<br>代表者　錦織　圭之介 |

| 印　刷　者 | 大阪市住之江区中加賀屋4丁目2番10号<br>岩岡印刷株式会社 |

| 発　行　所 | 東京都千代田区神田錦町2丁目9番1号<br>コンフォール安田ビル2階<br>株式会社　東洋館出版社<br>電話　03-6778-4343 |

ISBN978-4-491-04122-3　　　定価：本体950円<br>（税込1,045円）税10%